AI 시대 인재의 조건

AI문고

인공지능 시대입니다. 기계가 인간의 인지를 대신하고, 사물이 인간을 통하지 않고 다른 사물과 직접 커뮤니케이션합니다. 이에 따른 인간 삶과 문명 변화를 정확히 이해 · 예측 · 대응하는 것은 이 시대 우리 모두의 과제입니다. AI문고는 인공지능 기술과 환경의 여러 주제를 10가지 키워드로 정리합니다. 관련 개념과 이론, 학계와 산업계의 쟁점, 우리 일상의 변화를 다룹니다. 인간과 기술의 현재, 미래를 세심히 분석합니다.

일러두기

- 인명, 작품명, 저서명, 개념어 등은 한글과 함께 괄호 안에 해당 국가의 원어를 병기했습니다.
- 외래어 표기는 현행 어문규정의 외래어표기법을 따랐습니다.

처음이세요?

전문가세요?

AI 시대 인재의 조건

박종필

대한민국, 서울, 커뮤니케이션북스, 2025

AI 시대 인재의 조건

지은이 박종필
펴낸이 박영률

초판 1쇄 펴낸날 2025년 8월 20일

커뮤니케이션북스(주)
출판 등록 2007년 8월 17일 제313-2007-000166호
02880 서울시 성북구 성북로 5-11
전화(02) 7474 001, 팩스(02) 736 5047
commbooks@commbooks.com
www.commbooks.com

ISBN 979-11-430-0759-9 03500

책값은 뒤표지에 표시되어 있습니다.

차례

어느 대학생의 이야기

음악을 전공하는 아름다운 여자친구와 100일을 맞게 된 어느 한 대학생이 있었다. 그는 여자친구를 감동시킬 특별한 이벤트를 준비하고 싶었지만, 그의 뜨거운 마음을 담기에 걸맞은 아이디어는 좀처럼 떠오르지 않았다.

오랜 고민 끝에 그는 마침내 인터넷을 열어 마음을 전할 방법을 찾기 시작했다. 사랑으로 얼룩진 추천 리스트에서 단숨에 그의 시선을 사로잡은 것은 바로 '장미꽃 100송이'. 이보다 더 낭만적인 선물이 어디 있을까? 만약 자신의 뜨거운 사랑을 시각화한다면 그것은 분명 이 아름다운 꽃들이리라. 그는 그렇게 확신했다.

사귄 지 100일이 되는 날 새벽, 그는 부지런히 꽃시장을 찾았다. 학생이라는 신분 탓에 저렴한 선택지를 택할 수밖에 없었지만, 그의 마음은 세상 그 무엇보다 값진 붉은 음표 덩어리였다. 장미꽃 100송이를 산 그는 꽃다발을 한 아름 안고 버스에 올라탔다. 당연하게도 승객들의 시선을 한 몸에 받았고, 특히 여성들의 수많은 시선을 받았다.

드디어 약속 장소에 도착했고 설레는 마음으로 그녀를 기다렸다. 그녀가 감동받을 것을 생각하니 괜히 코끝도 살짝 저린 느낌이었다. 공상인지 망상인지 모를 행복한 무언가를 머릿속에서 그리는 도중, 드디어 그녀가 모습을 드러냈다. 그는 꽃만 건네기에는 뭔가 낭만적이지 않은 것 같아서 평소에 연습해 두었던 멋진 성악풍의 노래까지 곁들여 불렀다. 하지만 그의 예상과 달리, 그녀의 반응은 시큰둥했다.

시간이 흘러, 그 여자친구는 이제 그의 와이프가 되었다. 오랜 세월이 지난 어느 날, 문득 그때 왜 반응이 시큰둥했는지를 물어보았다. 그러자 그녀는 뜻밖의 대답을 내놓았다.

"사실 나는 음대를 전공했고, 연주가 끝날 때마다 꽃다발을 받는 게 일상이었어. 또 전공이 피아노다 보니 주변에 성악 하는 남자들이 많아서 매일같이 노래를 듣고 지냈지. 그런데 내 남자친구마저 내게 특별하지도 않은 꽃과 노래를 선물하니까, 솔직히 좀 실망했었어. 그래서 난 센스가 좀 없다고 생각했지."

그녀가 원했던 선물은

사실 그녀가 정말 받고 싶었던 건, 14K라도 좋으니 반짝이는 반지나 목걸이 같은 '블링블링한' 선물이었다고 한다. 즉 그녀가 원하는 건 따로 있었지만, 그는 자신만의 생각으로 헛된 꿈을 한 아름 안고 그녀가 수도 없이 보았을 따분한 음표 덩어리를 준 셈이다.

즉 정보혁명 시대에는 '내가' 직접 정보를 검색하고 판단을 내렸다면, AI 시대는 상대방의 나이, 전공, 취향, 스타일 등 몇 가지 정보만 입력하면 AI가 상대방이 진짜로 좋아할 만한 선물을 '알아서' 추천해 주는 시대다. 이것이 정보혁명 시대와 AI 시대의 본질적인 차이다.

말하자면 AI 시대에 그 대학생은 더 이상 인터넷을 마구 뒤질 필요가 없다. 그녀의 검색 기록, 쇼핑 장바구니, 최근에 멈춰 본 인스타 광고, 친구와 주고받은 메신저 이모티콘, 좋아요 누른 게시물…. 이 모든 걸 바탕으로 이제 AI가 그에게 제안한다.

"그녀는 최근 '작지만 의미 있는' 주얼리에 관심이 많습니다. 특히 '14K 골드 + 각인 가능한 목걸이'를 3초 이상 머무르며 본 횟수가 6회입니다."

그는 고개를 끄덕였고 링크 하나를 클릭했다. 배송까지 예약되었다. 그리고 100일 날, 그녀는 상자를 열고서는 한참 동안이나 말이 없었다. 작은 목걸이에 새겨진 로맨틱한 문구를 바라보며, 작은 목소리로 말했다. "어떻게 이걸…. 내가 갖고 싶었던 걸 어떻게 알았어…?" 그 순간, 그는 단번에 알아차렸다. 이번에는 그녀의 마음에 드디어 도달했다는 것을.

결론적으로, 정보혁명 시대가 인간이 정보를 직접 찾아 활용하던 시대였다면, AI혁명 시대는 AI가 정보를 분석하고 개인 맞춤형으로 제공해 주는 새로운 시대다.

정보혁명 대 AI혁명

그렇다면 왜 '정보혁명'과 'AI혁명'의 차이를 아는 것이 중요할까? 사실 대부분의 사람들은 이 두 혁명의 차이를 정확히 알지 못하는 것 같다. 그러나 이 차이를 명확히 이해할 때, AI가 앞으로 우리의 삶에 가져올 실질적 영향력과 파괴력을 제대로 가늠해 볼 수 있을 것이다.

먼저 정보혁명과 AI혁명은 인간의 역할을 서로 전혀 다르게 정의하고 있다. 예를 들어 정보혁명 시대에는 사람이 직접 정보를 찾고 비교하며 해석하는 '주체'였다. 즉 수많은 정보 속에서 그 안에서 무언가를 선택하고 결정을 내리는 것은 여전히 '인간의 몫'이었다.

반면 AI혁명 시대에 접어들면서 인간은 점차 주체적 역할을 AI에게 넘겨주고 있다. 우리는 더 이상 정보를 주도적으로 탐색하지 않으며, AI가 선별하고 요약한 정보를 수용하거나 판단하는 위치에 서게 된 것이다.

예를 들어 "이번 여름휴가 때 제주도에서 머물 수 있는 가성비 좋은 호텔을 추천해 줘"라고 인터넷에 검색하면 수많은 리스트 중에서 내가 선택해야 하지만, 챗GPT에게 물으면 자동적으로 가성비 좋은 호텔을 비교 분석해서 제시해 준다.

즉 우리는 이제 AI가 요리해 준 정보를 그대로 수용하는 수동적 소비자에 가까워지고 있는 셈이다. 이는 시간을 절약하고 편리함을 제공한다는 점에서 분명히 매력적이지만, 그 이면에는 인간이 정보를 비판적으로 분석하고 스스로 선택하던 능력과 주도권을 서서히 상실해 가고 있다는 우려도 있을 수 있다.

말하자면 AI가 추천하고 선택하는 것에 의존하며 우리는 스스로도 모르게 점진적으로 자유를 잃고 있을지도 모른다.

결국 이제 인간의 역할은 정보의 '탐색자'에서 결정의 '검토자', 나아가 정보 '소비자' 또는 '수용자'로 바뀌어 가고 있다. 이러한 변화는 단순한 기술의 진보를 넘어 인간의 사고방식, 판단력 그리고 인재에 대한 정의를 바꾸고 있다.

AI는 왜 진정한 혁명인가

AI는 지금까지 인류가 개발한 어떤 기술과도 다르다. 그 이유는 AI가 마치 인간처럼 스스로 결정을 내리고, 새로운 아이디어를 창출할 수 있는 최초의 도구이기 때문이다.

AI는 스스로 음악을 작곡하고, 정치인의 연설문을 작성하며, 창의적 콘텐츠를 스스로 만들어 낸다. 그뿐 아니라 SNS에서는 어떤 콘텐츠를 우선적으로 노출할지를 AI 알고리즘이 이미 실시간으로 결정하고 있다.

따라서 우리는 이제 AI를 단순한 기술 혁신이 아니라 '패러다임의 전환'이자 진정한 혁명으로 인식해야 하며, 삶의 게임의 법칙(The Rules of Life) 자체가 달라지고 있음을 인정해야 한다.

결론적으로 우리는 웹(Web)의 시대, 앱(App)의 시대를 지나 AI의 시대로 진입하고 있다. 앞으로 AI를 활용하는 능력은 자연스럽게 일상화될 것이며, 모든 분야의 기본 인프라이자 필수 역량이 될 것이다. 따라서 이제 당신은 이 거대한 변화의 흐름을 재빨리 읽고, 새로운 삶의 게임의 규칙에 적응할 수 있는 진정한 AI 시대의 인재로 거듭나야 한다.

이 책의 구성

1장 "AI 시대, 인재의 정의가 달라지고 있다"에서는 AI 시대 '인재'에 대한 정의의 근본적 변화를 문제의식으로 설정한다. 오늘날의 인재란 결국 단순히 지식이 많은 사람이 아니라 AI와 함께 일하고, AI를 넘어서는 인간 고유의 역량을 발휘할 수 있는 사람을 의미한다. 이를 바탕으로 이 책은 AI 시대에 반드시 갖춰야 할 일곱 가지 인재 조건을 중심으로 전개된다.

2장 "질문력, 질문을 잘하는 사람이 인재다"에서는 정답만 아는 것보다 '좋은 질문'을 던지는 능력이 중요해졌음을 설명하며, 대안으로 유대인의 하브루타(Havruta) 교육법을 제시한다.

3장 "편집력, 편집을 잘하는 사람이 인재다"에서는 넘쳐 나는 정보의 시대에 핵심을 간파하고 재구성하는 능력이 왜 중요한지, 그리고 인간과 AI의 편집 콜라보가 어떤 가치를 만들어 내는지 살펴본다.

4장 "비판력, 비판을 잘하는 사람이 인재다"에서는 잘못된 정보를 걸러 내고 데이터 속 진실을 가려내는 힘, 즉 무분별한 수용이 아니라 판단하는 힘이 인재의 핵심 조건임을 강조한다.

5장 "PD 능력, 이제 당신은 PD가 되어야 한다"에서는 이제 모든 사람이 스스로의 콘텐츠를 기획하고 조율할 수 있는 '연출자'가 되어야 한다고 이야기하며, 상상력과 기획력을 AI 시대의 중요한 역량으로 제시한다.

6장 "기술력, AI를 잘 다루는 사람이 인재다"에서는 프롬프트와 같은 도구를 자유자재로 활용할 수 있는 실질적 기술을 강조하며, AI를 능동적으로 활용할 수 있는 사람만이 그 흐름을 주도할 수 있다고 이야기한다.

7장 "협업력, 협업할 수 있는 사람이 인재다"에서는 AI와의 협업뿐 아니라 여전히 중요한 인간 간의 협업을 강조하며, 팀워크와 소통의 역량을 다시금 되짚어본다.

8장 "기본력, 기본이 강한 사람이 인재다"에서는 읽기, 쓰기, 말하기라는 고전적 역량이 오히려 AI 시대에 더욱 빛을 발할 수 있음을 구체적 예시와 함께 설명한다.

9장 "AI 시대, 미래 인재로 거듭나기"에서는 지금까지의 내용을 종합해 AI와 공존하면서도 인간으로서의 경쟁력을 잃지 않는 인재의 방향성을 제시한다.

이 책이 단순한 기술 지침서를 넘어 AI 시대에 인간이 어떻게 살아가야 하며, 어떤 역량을 기르고 준비해야 할지를 사유하고 성찰하는 여정이 되기를 바란다. 이 책에서 제시하는 AI 시대, 미래 인재 키워드가 독자 여러분이 스스로의 가능성을 발견하고 미래를 능동적으로 준비하는 새로운 계기가 되기를 기대해 본다.

01

AI 시대, 인재의 정의가 달라지고 있다

이제 AI가 정보를 무제한적으로 제공한다.
이러한 재료들로 유명 호텔 셰프처럼 멋진
요리를 만들어 낼 수 있는 사람이 바로 인재다.
AI 시대에 멋진 셰프가 될 수 있는 일곱 가지
새로운 인재 전략을 제시하고자 한다.

AI와 1인 창업?

인재에 대한 정의의 변화

AI 시대가 본격적으로 개막하면서 인재에 대한 정의도 근본적으로 변화하고 있다. 과거에는 방대한 지식을 보유하고 이를 빠르게 활용할 수 있는 사람을 인재로 여겼다. 그러나 이제는 지식 그 자체보다도 그 지식을 어떻게 활용하고 창의적으로 문제를 해결하며 새로운 가치를 창출할 수 있는지가 관건이 되고 있다. 이는 AI 기술의 급속한 발전 속에서 인재의 역할과 요구되는 역량이 근본적으로 재편되고 있음을 의미한다.

예를 들어 이제 AI는 인간이 담당해 왔던 지식의 축적과 기억을 넘어서는 일을 대신 수행하고 있다. 최근의 AI는 단순 반복 업무나 계산 · 분석 작업을 넘어 복잡한 문제 해결에서도 뛰어난 성과를 보여 준다. 따라서 단순히 많은 지식을 알고 있다는 것만으로는 더 이상 인재로서의 가치를 인정받기 어렵다는 점이 분명해지고 있다.

구체적으로 최근 마케팅 분야에서는 AI가 소비자의 행동 데이터를 실시간으로 분석해 개인 맞춤형 광고를 자동으로 제작하고 송출하는 일까지 수행하고 있다. 과거에는 시장 조사를 바탕으로 마케팅 전략을 세우고, 광고 문구와 캠페인을 기획하는 데 오랜 시간과 노력이 들었지만, 이제는 AI가 타깃 고객의 취향과 반응을 빠르게 예측하고 반영할 수 있다. 이에 따라 단순한 데이터 해석보다는 브랜드의 정체성을 창의적으로 표현하거나 고객 경험을 설계하고 차별화된 가치를 제안하는 전략적 사고 능력이 마케터에게 더욱 중요해지고 있다.

실제로 코카콜라(Coca-Cola)는 AI를 활용해 소비자 선호도와 시장 데이터를 실시간으로 분석하고, 이를 신제품 개발 및 마케팅 전략에 반영하고 있다. 예를 들어 '코카콜라 체리 스프라이트(Coca-Cola Cherry Sprite)' 같은 제품은 AI가 소셜미디어, 온라인 리뷰, 자사 판매 데이터를 분석해 도출한 고객의 기호 정보를 기반으로 출시되었다. 이 과정에서 단순한 데이터 분석은 AI가 수행하지만, 어떤 데이터에 주목할 것인지, 어떤 방식으로 고객의 감성을 자극할 것인지를 판단하고 기획하는 것은 여전히 인간의 몫이다. 따라서 기술과 데이터를 창의적으로 해석하고, 브랜드 가치를 효과적으로 전달할 수 있는 역량이 마케팅의 핵심으로 부상하고 있다.

넷플릭스(Netflix) 역시 대표적인 AI 활용 기업으로, 시청자의 취향과 행동 데이터를 분석해 개인화된 추천 콘텐츠를 제공하고 있다. 그러나 넷플릭스의 경쟁력이 단순한 추천 알고리즘에 그치지 않는다는 점이 중요하다. 고객 데이터를 바탕으로 어떤 콘텐츠를 제작하고,

어떤 마케팅 메시지를 던질지에 대한 결정은 인간의 창의적 통찰에서 나온다. 실제로 〈하우스 오브 카드(House of Cards)〉와 같은 오리지널 콘텐츠는 시청자의 데이터 분석을 기반으로 기획되었지만, 정치 드라마라는 장르와 캐릭터, 사회적 맥락을 어떻게 녹여 낼 것인지는 전략적인 판단이었다. 이처럼 AI는 정보를 제공할 수 있지만, 이를 바탕으로 새로운 가치를 설계하는 능력은 인간 인재의 영역으로 남아 있다.

아마존(Amazon)은 AI를 통해 구매 예측, 재고 관리, 배송 최적화 등 경영 전반을 혁신하고 있다. 예컨대 아마존은 고객이 클릭한 제품, 검색 기록, 리뷰 작성 패턴 등을 바탕으로 '예측 배송(Predictive Shipping)'이라는 놀라운 기술을 구현했다. 하지만 이 같은 기술을 어떻게 실제 경영 전략에 녹여 내고, 어떻게 고객의 기대를 넘어서는 경험을 설계할 것인지, 나아가 ESG(환경 · 사회 · 지배구조) 등 새로운 시대적 요구에 어떤 방식으로 대응할지는 단순한 알고리즘이 아니라 전략적 사고와 창의성, 윤리적 판단 능력을 가진 새로운 인재의 역할이다.

AI 시대는 어떤 인재를 요하는가

AI 시대가 요하는 인재는 단순히 "AI를 쓸 줄 아는 사람"

이 아니다. AI가 기본적으로 제공하는 소스에 인간 고유의 창의성·판단력·통찰력을 더해 "어떻게 AI를 전략적으로 활용할 수 있는가?"에 근본적인 주안점을 두어야 한다.

예를 들어 최근 하인즈(Heinz)는 "케첩 하면 떠오르는 이미지가 얼마나 우리 브랜드와 연결되어 있는가?"를 실험하기 위해 AI 이미지 생성 모델을 활용한 마케팅 캠페인을 벌였다.

구체적으로 하인즈는 AI에게 "케첩 병(Ketchup Bottle)"을 그리라고 지시했을 때, 대부분의 결과물이 자사 브랜드와 매우 유사한 형태(빨간 병, 하얀 라벨, 각진 병 모양 등)로 생성된다는 점에 착안했다.

하인즈는 이를 기반으로 "심지어 AI도 케첩 하면 하인즈를 그린다"라는 메시지의 광고를 제작해 하인즈가 케첩계의 대표적 브랜드임을 고객에게 자연스럽고 유쾌하게 각인했다. 이는 전통적이고 클래식한 기업의 이미지에서 벗어나 브랜드의 감각적인 AI 기술 활용 능력을 보여 준 대표적인 성공적인 광고 캠페인 사례다.

나이키(Nike)는 "Nike By You"라는 온라인 플랫폼을 통해 고객이 자신만의 운동화를 직접 커스터마이징할 수 있도록 지원하고 있다. AI는 사용자의 과거 구매 이력, 선호 색상, 지역 트렌드 등을 분석해 개인화된 추천 디자인이나 조합을 제안한다. 이 기능은 단순히 선택지를 제공하는 것을 넘어, 고객이 '나만의 Nike'를 만들어 자신의 정체성과 개성을 표현할 수 있도록 유도한다.

AI 시대: 이제 당신은 셰프로 거듭나야 한다

이제 게임의 법칙이 바뀌었다. 우리는 지금까지 초등학교, 중학교, 고등학교 그리고 대학교에 이르기까지 긴 시간 동안 '지식을 외우고 쌓는 일'에 모든 에너지를 쏟아부었다. 그러나 AI가 등장하면서 게임의 법칙이 근본적으로 바뀌었다.

당신은 이제 한 번의 클릭으로 AI로부터 당신이 지금까지 축적했던 지식보다 더 방대한 지식을 제공받을 수 있다. 당신은 마치 수많은 음식 재료가 즐비한 호텔의 대형 주방에 있는 셰프와 같고, 이제 세상은 그런 당신에게 새로운 질문을 던지고 있다.

"이 많은 음식 재료를 가지고 당신은 어떤 요리를 만들 수 있는가?"

AI는 지금 당신에게 무한한 음식 재료를 제공하는 호텔의 대형 주방처럼 매일매일 끝없이 풍성한 정보와 아이디어를 쏟아 내고 있다. 이제 중요한 것은 재료가 아니다. 이 재료들로 얼마나 맛있고 멋진 요리를 해낼 수 있느냐, 이것이 바로 당신의 새로운 과제다.

상상해 보라. 같은 식재료를 두고도 어떤 셰프는 평범한 샐러드를 만들고, 또 어떤 셰프는 미슐랭 스타를 받을 창의적인 요리를 완성한다. AI가 제공하는 정보도 마찬가지다. 똑같은 데이터를 보더라도, 그것을 단순히 나열하는 사람과 그것을 재구성해 감동을 주는 '이야기'로 만들어 내는 사람의 차이는 극명하다.

이제 누가 더 많은 정보를 갖고 있는지가 아니라, 그 정보를 어떻게 '조합'하고 '의미화'하며, 세상에 어떤 '새로운 경험과 가치'로 내놓는지가 실력이다. 다시 말해 AI 시대의 진짜 인재는 정보의 소비자가 아니라 경험의 프로듀서다. 당신의 주방에서는 레시피보다 '창작'이 중요해졌다.

이제 AI 시대에 멋진 셰프가 될 수 있게 하는 일곱 가지 새로운 인재 전략을 제시하고자 한다. 특히 현재 많은 사람들이 자신의 삶 속에서 체감하고 있는 AI 기술은 바로 챗GPT다. 따라서 AI를 대표하는 주요 매개체로서 챗GPT를 중심으로, 다음과 같은 일곱 가지 새로운 인재 전략을 제시하고자 한다.

① 질문력

② 편집력

③ 비판력

④ PD 능력

⑤ 기술력

⑥ 협업력

⑦ 기본력

이러한 요리 도구들을 손에 쥐고 주방에 들어설 시간이다. "자, 이제 당신이 만들 멋진 요리는 무엇인가?"

02
질문력, 질문을 잘하는 사람이 인재다

당신은 질문을 잘하는가? 문제의 본질을 꿰뚫는 좋은 질문을 할 수 있는가? AI 시대 인재의 첫 단추는 얼마나 질문을 잘하느냐에 달려 있다. 당신이 질문하는 순간, 질문의 수준이 높아지는 순간, 당신의 삶과 일의 수준도 함께 업그레이드될 것이다.

AI와 MBTI?

질문의 수준이 그 사람의 수준이다

“질문의 수준이 그 사람의 수준이다”라는 말이 있다. 즉 질문하는 수준을 보면 그 사람의 수준을 알 수 있다는 말이다. ‘질문력’이 더욱 중요한 가치를 갖는 시대가 도래했다. 날카로운 질문을 던지면 던질수록 AI는 더욱 고급스럽고 더욱 정교한 정보를 제공하기 때문이다. 바야흐로 “질문력”은 AI 시대에 매우 중요한 인재의 관건이 되고 있다.

AI 시대는 이전과는 다른 유형의 인재를 요한다. 이전에는 주로 “지식을 쌓는 일”에 주안점을 두었다면, 이제는 ‘질문을 얼마나 잘하느냐’가 교육의 핵심이 되고 있다. 즉 ‘교육의 패러다임(paradigm of education)’이 근본적으로 바뀌었다.

이러한 맥락에서 최근 주목받는 능력 중 하나가 바로 ‘질문력’이다. 질문력이란 쉽게 말해 ‘얼마나 질문을 잘하는가’다. 한국의 부모들은 아이가 학교에 다녀오면 “오늘은 학교에서 무엇을 배웠니?”라고 묻지만, 유대인들은 “오늘은 학교에서 무엇을 질문했니?”라고 묻는다고 한다. ‘질문력’을 교육의 핵심으로 본 매우 통찰력 있는 이야기다.

질문력이 중요한 이유

그렇다면 '질문력'은 왜 중요한가? 첫째, 아무리 지금이 AI가 '스스로' 그리고 '알아서' 정보를 제공하는 시대라고 하더라도, 결국 AI는 사람의 '질문력'에 따라서 차별화되고 차등적인 정보를 제공하기 때문이다. 즉 AI는 사람의 질문이 깊으면 깊을수록, 날카로우면 날카로울수록 더욱 세련되고 더욱 정교한 정보를 얻을 수 있도록 설계되어 있다. 이러한 특성을 간파해야 한다.

둘째, '질문'을 통해 문제의 핵심을 파악하고 궁극적인 창의적 해결책을 도출할 수 있기 때문이다. 예를 들어 오늘날 가장 혁신적인 발명품 중 하나인 애플 컴퓨터(Apple Computer)와 아이폰(iPhone)을 발명한 스티브 잡스(Steve Jobs)는 끊임없는 질문을 통해 혁신적인 발명품을 얻어 냈다. 잡스는 "왜 컴퓨터는 복잡하고, 일부 전문가들만 사용할 수 있을까?", "어떻게 하면 누구나 쉽게 쓸 수 있는 '개인용 컴퓨터'를 만들 수 있을까?"라는 근본적인 질문을 던졌다. 이 질문이 바로 오늘날 인기 있는 '애플 컴퓨터'가 탄생하는 출발점이 되었다.

당시 컴퓨터 업계의 기술 중심적 통념을 깨고, 사람 중심의 디자인과 직관적인 인터페이스를 향해 던진 잡스의 질문은 그 자체로 혁신이었다. 결국 잡스의 끊임없는 질문 하나하나가 컴퓨터의 정의를 바꾸고, 전 세계 수억 명의 삶을 바꾸었다. 이렇듯 질문은 단순한 호기심을 넘어 창의적 문제 해결의 열쇠가 될 수 있다.

셋째, 질문력이 고급 인재로 거듭나기 위한 '학습'과 '성장'에 핵심적인 '촉진제' 역할을 할 수 있기 때문이다. 궁극적으로 AI는 당신이 전혀 사고하지 않아도 알아서 해답을 제공하는 '마지막 정거장'이 아니다. 만약 당신이 챗GPT와 같은 AI를 단순히 해답을 구하기 위해서만 사용한다면 이는 정말 AI를 잘 활용하지 못하는 서글픈 이야기가 될 것이다.

또한 AI 시대는 그 환경이 끊임없이 변화하고 발전하기 때문에, 지속적인 학습과 적응이 필수적이다. 질문을 잘하는 사람은 자신의 지식과 이해의 한계를 인식하고, 그 한계를 넘어서기 위해 끊임없이 새로운 정보를 탐구할 수 있다. 이러한 과정 속에서 질문력은 새로운 지식과 통찰을 얻는 데 매우 중요한 도구가 될 수 있다.

결론적으로 AI 시대에 진정으로 필요한 인재는 기술적 능력이나 AI를 활용하는 능력만을 갖춘 사람이 아니다. 진정한 인재는 질문을 통해 AI로부터 더욱 정교한 정보나 해답을 얻어 내고, 문제의 본질을 파악하고, 해결하는 사람이다. 즉 AI 시대 인재의 관건은 질문력을 통해

AI의 능력을 최대한으로 활용할 줄 아는 사람이다. 따라서 질문력을 기르는 것이야말로 AI 시대를 맞이하는 우리 모두에게 중요한 역량이자 과제다.

이러한 관점에서 현재 우리나라의 교육은 매우 잘못된 방향으로 달려가고 있는 것 같다. 학교를 마친 아이들이 가방을 싸 들고 학원으로 열심히 달려가는 뒷모습을 바라보면 참으로 염려스러운 마음이 든다.

학생들이 '암기하는 기계'처럼 지식을 끊임없이 주입받는 과정에서 '왜?'라는 질문은 사라지고, 스스로 사고하고 탐구하는 힘이 점점 약해진다. 그저 수능 등의 대학 입시를 위해 정해진 답을 얼마나 빨리 맞히는지가 평가되고 있을 뿐이다.

이제 우리나라 교육이 단순 암기 위주의 소위 '질문을 하지 않는 교육'에서 벗어나 질문을 꺼리거나 부끄러워하지 않고, 실수해도 좋고, 실패해도 좋으니 '질문하는 교육'으로 국가적으로 전환될 필요가 있다. 왜냐하면 그러한 교육이 AI 시대를 살아가는 데 관건이 되고 있기 때문이다. 이러한 맥락에서 최근 유대인의 하브루타 교육이 크게 주목받고 있다.

하브루타 교육에 주목하라

AI 시대가 본격적으로 도래하면서 전통적인 교육 방식에 대한 재평가가 이루어지고 있다. 과연 지금까지 우리가 배우고 지식을 쌓은 방식 그대로 AI 시대를 살아가면 되는 것일까?

과거에는 교육의 초점이 '지식의 습득'에 맞춰졌다면, 오늘날의 교육에서는 정보의 선택과 활용 그리고 새로운 질문을 제기하는 능력이 더 중요한 역할을 하고 있다.

특히 AI의 발전으로 정보에 대한 접근이 그 어느 때보다 쉬워진 지금, 단순히 많은 정보를 아는 것만으로는 결코 충분하지 않다. 이러한 맥락에서 질문하는 능력의 중요성이 강조되고 있는데, 그 해결책 중에 하나가 바로 유대인의 하브루타 교육이다.

하브루타(Havruta)는 유대인의 전통적인 학습 방식으로, "짝을 지어 질문하고, 토론하고, 반박하며 배우는 대화식 학습법"이다.

예를 들어 보자. 한 교실에 두 명의 학생이 마주 앉아 있다. 책상 위에는 책 한 권이 펼쳐져 있고, 그들은 번갈아 가며 질문을 주고받는다. 한 학생이 묻는다. "왜 주인공은 그런 선택을 했을까?" 그러자 다른 학생이 곧장 되묻는다. "그건 정말 선택이었을까, 아니면 어쩔 수 없는 상황이었을까?"

그들의 대화는 점점 깊어지고, 때로는 서로의 말에 끊임없이 반박하며 자신만의 논리를 세운다. 고개를 끄덕이며 공감하기도 하고, 고개를 갸웃거리며 의문을 던지기도 한다. 정답을 맞히려는 눈빛이 아니라, 이해하고자 하는 눈빛이 오간다. 교사는 교탁 앞에 있지만, 설명하지 않는다. 그 대신 교실을 천천히 돌며 아이들의 생각의 흐름을 지켜볼 뿐이다. 이것이 바로 하브루타 교육이다.

또 한 가지 흥미로운 점은, 하브루타 교육이 단지 교실 안의 토론에 그치지 않는다는 것이다. 유대인들은 일상 속에서도 하브루타 방식을 실천한다. 가족과 함께 식탁 앞에 앉았을 때도, 거리에서 친구를 만났을 때도, 심지어 회당에서 성경을 읽을 때도 끊임없이 질문을 던지고 생각을 교환한다. '왜 그렇게 생각했어?', '그건 다른 관점에서도 설명이 가능하지 않을까?' 식의 대화가 마치 문화처럼 삶에 깊숙이 스며들어 있다.

이처럼 토론이 일상화된 문화 속에서 자란 아이들은 자연스럽게 생각하는 힘을 키우고, 자기 의견을 분명히 하되 타인의 입장도 존중하는 법을 익힌다. 단순히 좋은 대학에 들어가기 위한 공부가 아니라 삶 전체를 관통하는 지적 태도와 사고 습관으로서의 교육, 이것이 하브루타 교육이 AI 시대를 살아갈 '질문하는 인간'을 길러 낼 수 있는 진짜 이유다. 이러한 방식을 통해 학생들은 단순히 지식을 암기하는 것이 아니라 깊이 있는 사고와 비판적 사고력 그리고 자기 주도적 학습 능력을 키울 수 있다.

AI 시대에 하브루타 교육이 중요한 이유

그렇다면 하브루타 교육은 왜 AI 시대에 더욱 중요해졌을까? 우리는 지금 AI가 방대한 지식을 몇 초 만에 정리해 주는 시대에 살고 있다. 따라서 이제는 '정보를 얼마나 알고 있는가'가 아니라 '어떤 질문을 던질 줄 아는가', '어떤 관점으로 문제를 바라보는가'가 경쟁력의 핵심이다. AI가 수많은 해답을 제공할 수는 있지만, 문제를 정의하고 본질에 접근하는 질문은 인간만이 지닐 수 있는 '고유한 능력'이기 때문이다.

하브루타 교육은 바로 이러한 능력을 키우는 데 최적화된 방법이다. 상대방과의 질문-답변 과정을 통해 자기 생각을 정리하고, 다른 시각을 이해하며, 깊이 있는 통찰을 얻을 수 있다. 이는 AI와 협업하는 미래에 반드시 필요한 역량인 비판적 사고, 창의력, 커뮤니케이션 능력을 동시에 기르는 훈련이기도 하다.

요약하자면 하브루타는 AI 시대에 가장 인간다운 방

식으로 학습하는 법을 가르쳐 주는 교육이다. 질문을 통해 배우고, 대화를 통해 사고를 확장하는 이 방식은 정보가 넘쳐 나는 시대에 '생각할 줄 아는 사람'을 만드는 강력한 도구가 될 수 있다.

전략 제안: 어떻게 질문력을 기를 수 있는가

그럼 어떻게 질문력을 기를 수 있을까? 다음과 같은 다섯 가지 구체적 전략을 제안해 볼 수 있다. 첫째, 통찰력 있는 질문을 하라. 우리는 종종 '질문을 위한 질문'을 하곤 한다. 그러나 이제는 문제의 본질을 꿰뚫는 질문을 던질 수 있도록 훈련해야 한다. 전체적인 흐름을 이해하고, 현재 우리가 마주한 문제의 핵심이 무엇인지 통찰하는 힘이 중요하다. 질문 자체가 목적이 되어 버린 '잔질문'이 아니라, 문제를 간파하고 해결의 실마리를 찾는 '통찰력 있는 질문'을 시도해 보라.

둘째, 스티브 잡스처럼 "왜"를 끊임없이 반복해 보라. 스티브 잡스는 끊임없이 "왜"를 반복했다. "왜 컴퓨터는 복잡할까?" "왜 컴퓨터는 일부 전문가들만 사용할까?" "왜 누구나 쉽게 사용할 수 없는 것일까?" 이러한 끊임없는 "왜"를 통해 발명한 것이 바로 오늘날 가장 혁신적인 제품인 애플 컴퓨터와 아이폰이다. 당신에게도 이제 '당연한 것'을 의심해 보는 훈련이 필요하다. "왜 카페에서는 조용히 해야만 하는가?" → "그렇다면 새로운 형태의 대화 중심 카페가 가능하지 않을까?"라며 매일 하루에 하나씩, 당연히 여긴 것에 대해 의도적으로 "왜"라고 물어보는 전략을 실천해 보라.

셋째, '사용자'의 시선으로 바라보라. 사실 스티브 잡스는 컴퓨터 전문가라기보다는 디자인에 더 관심이 많은 사람이었다. 스티브 잡스의 눈에 컴퓨터는 너무 복잡하게만 보였다. 그래서 사용자 입장에서 "명령어 중심의 컴퓨터가 아닌 그림 중심의 더욱 직관적인 인터페이스를 만들 수 없을까"라는 컴퓨터 전문가 중심이 아닌 사용자 중심의 질문을 던졌다. 그 결과 당시 기술 중심적이던 컴퓨터 업계의 통념을 깨고, 사람 중심의 디자인과 직관적인 인터페이스가 나오게 되었다. 이처럼 당신도 새로운 분야에 대한 질문을 굳이 전문가처럼 던지려 하지 말고 마치 초보자처럼, 사용자의 입장에서 질문해 보는 훈련을 해 보라. 예를 들어 아파트도 여러 전문가들로 구성된 건설업체들이 짓기는 하지만, 사실 가정주부가 직접 생활하는 데 미흡한 부분이 많다. 아파트 내부, 현관과 발코니 등에 불필요한 공간을 줄이고 온 가족이 식사를 하거나 대화의 장소로 사용하는 키친 공간을 좀 더 넓게 설계할 필요가 있는 것이 사실이다. 또한 아파트 단지의 쓰레기 분리장도 세대수는 많은데 공간이 턱없이 부족해 곧장 쓰레기로 도배되는 것이 사실이다. 따라서 가정주부는 비록 아파트 건설 전문가는 아니지만 사용자 중심의 눈으로 '주부'가 원하는 '꿈의 아파트'를 질문하며 제안해 볼 수 있다.

넷째, 질문 노트를 만들어라. 좋은 질문도 결국 습관이 필요하다. 예를 들어 강의 시간이나 회의 시간에 자신의 노트에 '궁금한 것', '이상한 것', '개선하고 싶은 것' 세 가지씩 써 보는 훈련을 하라. 성공하는 사람들은 끊임없이 뭔가를 메모하는 사람들이다. 질문 노트 작성을 통해 질문력이 강화된 '자신'을 비로소 만날 수 있게 될 것이다.

다섯째, 질문을 쉽고 편안하게 할 수 있는 '질문 문화'를 만들어야 한다. 사람들이 질문을 잘 하지 않는 본질적인 이유는 '남의 눈'을 의식하기 때문이다. '남이 보기에 이 질문이 틀리면 어떡하지?' '괜히 질문해서 망신당하는 것 아니야?' 이러한 마음의 소리가 우리 안에 있는 것이 사실이다. 따라서 어떠한 사소한 질문이라도 편안하게 용인할 수 있는, 질문을 언제든지 할 수 있는 '질문 문화'를 만드는 것이 무엇보다 중요하다.

결론적으로, AI는 질문을 결코 대신 해 줄 수 없다. 오히려 AI를 가장 잘 다루는 사람은 가장 좋은 질문을 던질 수 있는 사람이다. 스티브 잡스가 그러했듯이 당신도 이제 '질문력'이라는 새로운 사고의 무기를 통해 새로운 혁신적 길을 열 수 있다. 이는 일상생활 속 '매일의 훈련'에서 비로소 시작된다.

03
편집력, 편집을 잘하는 사람이 인재다

AI는 정보를 무제한으로 공급한다. 진짜 문제는 이 방대한 정보를 얼마나 보기 좋고 매력적인 결과물로 편집해 낼 수 있는가다. '지식을 얼마나 아는가'가 아니라, '지식을 어떻게 표현하는가'가 진정한 경쟁력이 되는 시대다.

AI와 난임 극복?

편집을 잘하는 사람이 인재다

AI 시대가 도래하면서 우리 삶의 많은 부분이 변화하고 있다. 정보의 생산과 소비가 폭발적으로 증가하고 있으며, AI는 이러한 정보들을 분석하고 활용하는 데 중요한 도구로 자리 잡고 있다. 그러나 이처럼 정보가 넘쳐 나는 시대에, 단순히 많은 정보를 접하고 아는 것만으로는 새로운 시대의 인재가 될 수 없다.

오히려 중요한 것은 정보를 선별하고 체계적으로 정리해 '보고서'와 같이 가치 있는 시각적 결과물로 도출해 낼 수 있는 '편집력'이다. 즉 AI 시대에 진정으로 필요한 인재는 '편집을 잘하는 사람'이다.

AI 시대의 정보 홍수와 편집력의 중요성

AI가 주도하는 현대 시대에는 매일 수많은 데이터와 정보가 생성되고 있다. SNS, 뉴스, 학술 자료 등 다양한 채널을 통해 무수히 많은 정보가 매일같이 쏟아져 나오고 있다. 이러한 정보의 홍수 속에서 단순히 데이터를 수집하는 것만으로는 의미 있는 통찰을 얻기 어렵다. 이제 정보는 얼마든지 제공되거나 충분히 접근할 수 있기 때문에 관건은 어떻게 그 날것의 정보를 얼마나 보기 좋게 시각적으로 제공하느냐다.

'편집력'은 넘쳐 나는 정보를 정제하고(refine) 목적에 맞게 새롭게 구성해(compose) 궁극적으로 새로운 가치를 만들어 내는 능력을 의미한다. 이는 정보를 단순히 기계적 차원으로만 나열하는 것을 넘어 정보를 분석하고 해석해 그 의미를 파악하고, 필요에 따라 재구성할 수 있는 능력을 포함한다. 이러한 관점에서 편집력은 창의성과 비판적 사고, 문제 해결 능력을 결합한 총체적 역량이라고 할 수 있다.

예를 들어 지금 셰프인 당신의 눈앞에 토마토, 양배추, 당근, 생선, 바질, 식초, 후추, 설탕, 초콜릿 등 100가지 재료가 준비되어 있다고 가정하자. 여기서 문제는 '100가지 재료로 어떤 요리를 만들 수 있을까'다.

AI가 재료를 줄 수는 있지만, 무엇을 만들지 결정하고 어떤 재료를 어떻게 조합할지는 오직 당신의 몫이다. 생선에 초콜릿을 얹을 수도 있고, 바질에 설탕을 뿌릴 수도 있다. 맛있을지, 끔찍할지는 '선택'과 '구성'에 달렸다.

이것이 바로 편집력의 힘이다. AI는 원하는 글, 이미지, 아이디어를 끝없이 만들어 줄 수 있다. 그러나 수많은 가능성 속에서 무엇이 핵심이고, 어떤 흐름이 논리적이며, 어떤 선택이 효과적인지 판단하는 것은 인간의 고유한 능력이다. 따라서 '누가 더 똑똑하게 편집하는가'가

AI 시대의 창의성과 경쟁력을 가르는 진짜 인재의 역량이다.

AI의 한계와 인간의 편집력의 콜라보

AI는 매우 빠르고 정확하게 데이터를 처리하고, 다양한 패턴을 분석할 수 있는 능력을 갖추고 있다. 그러나 AI는 어디까지나 알고리즘과 데이터에 기반한 결과만을 도출한다는 한계가 있다. AI가 제시하는 결과물은 방대하기도 하고, 때로는 지나치게 복잡하거나 너무 많은 선택지를 제공하기도 한다. 따라서 이제 인간은 AI와 협업할 수 있는 '콜라보' 능력을 지녀야 한다.

교육에서 '지식 습득'이 목표가 아니라 '지식 표현'이 궁극적 목표가 되어야 한다. 머릿속에 얼마나 많이 알고 있느냐보다 그 지식을 어떻게 정리하고 전달하느냐가 더 중요한 시대다. 특히 '보고서 작성 능력'은 이제 선택 사항이 아니라 필수 요구 사항이다.

그럼에도 불구하고 우리는 놀랍게도 초등학교, 중학교, 고등학교 과정에서 체계적인 '보고서 작성법'에 대해 배운 적이 없다. 심지어 대학교에서도 교수들이 과제 평가를 위해 보고서를 내라고 할 뿐 체계적 보고서 작성법을 가르치지 않는다.

그러나 정보가 무한정 제공되는 오늘날 도대체 어떤 정보가 핵심인지, 어떤 흐름으로 전달해야 이해하기 쉬운지 판단하는 일은 인간이 감당해야 하는 몫이다. AI가 제공하는 정보를 단순하게 나열하는 대신 독자의 목적과 맥락에 맞춰 '읽히는 구조'로 재구성하는 능력이 바로 편집력의 핵심이다.

AI는 재료를 아낌없이 제공하지만, 그 재료를 어떻게 배열하고, 어디에 포인트를 주며, 어떤 흐름으로 독자의 머릿속에 한 편의 '그림'처럼 그려지게 만들지 결정하는 것은 오직 인간만이 할 수 있는 일이다. AI가 100가지 재료를 들고 나타난 요리사라면, 인간은 그중 다섯 가지를 골라 최고의 요리를 만들어 내는 셰프인 셈이다. 그래서 요즘 기업들이 신입사원에게 가장 먼저 요구하는 능력이 '보고서 요약력'과 '한 장으로 말하기'라는 사실은 매우 시사하는 바가 크다. 30페이지를 제출하기보다 단 1페이지로 핵심을 정확히 전달하는 사람, 군더더기 없는 정리와 설득력 있는 구조로 회의실의 흐름을 바꾸는 사람, 그런 사람이야말로 정보 홍수 시대의 진정한 커뮤니케이터다.

따라서 앞으로의 교육에서는 '많이 외워라'가 아니라 "어떻게 쓸 것인가?", "무엇을 강조할 것인가?", "왜 이 구조로 전달하는가?"가 관건이 되어야 한다. AI 시대의 편집력은 단순히 문서 하나를 잘 만드는 기술이 아니라 AI와 협업하는 시대에 자신의 생각을 가장 효과적으로 '표현'하고 '설득'하는 강력한 능력이기 때문이다.

전략 제안: 어떻게 편집력을 기를 수 있을까

그럼 어떻게 하면 편집력을 기를 수 있을까? 최근 AI의 초안 작성은 탁월하다. 심지어 문장을 매끄럽게 만들고, 문법을 고치고, 항목을 정리하는 데 능숙하다. 그러나 무엇이 본질인지, 무엇을 남기고 무엇을 버려야 하는지, 독자의 머릿속에 어떤 느낌을 남길지는 오직 인간의 '편집력'이 결정한다. AI가 글을 쓰는 시대, 진짜 능력은 '다듬는 사람'의 것이 된 것이다.

예를 들어 AI를 도입한 이후 팀원들은 아이디어 회의도, 보고서 작성도 훨씬 빨라졌다. 챗GPT, 클로드, 각종 자동 요약기, 챗봇 툴을 써서 5분 만에 기획안 초안이 뚝딱 나온다. 그럼에도 팀장 눈에는 뭔가 부족하다.

보고서는 작성되었지만, 와닿지 않는다. 설득되지 않는다. 감동이 없다. 그 순간 팀장은 팀원에게 말한다. "스티브 잡스가 이 보고서를 봤다면, 절대 오케이 안 했을 거예요." 왜일까?

스티브 잡스는 문서 한 장, 슬라이드 한 장, 문장 하나도 그냥 넘기지 않았다. 단어의 배치, 간결한 구성, 사람의 감정을 움직이는 한 줄 메시지, 핵심을 직관적으로 드러내는 방법을 집요하게 다듬었다. 잡스는 심지어 "프레젠테이션 슬라이드에서 한 장당 단어는 6개 이하"라는 원칙도 고수했다. 그만큼 편집의 힘, 즉 '의도를 명확하게 전달하는 편집력'을 매우 중시한 것이다. 이러한 원칙들을 이제 당신도 벤치마킹해야 할 것이다.

왜 지금, 편집력이 중요한가? 정보는 넘치고, 시간은 부족하다. 핵심만 골라 보여 주는 편집자가 필요하다. AI는 '무엇'은 잘 말하지만, '왜'는 설명하지 못한다. 목적과 맥락을 설계하는 것은 인간의 영역이다. AI는 감정을 계산하지 못한다. 문서에 울림을 담는 것은 사람의 편집력이다.

04
비판력, 비판을 잘하는 사람이 인재다

놀랍게도 AI가 제공하는 정보는 네 건 중 세 건이 틀리다고 한다. 따라서 AI가 제공하는 정보의 출처와 근거를 반드시 검증해야 한다. AI가 제공한 정보를 객관적으로 바라볼 수 있는 사람이 진짜 인재로 정의될 수 있다. AI는 정보를 제공할 수 있지만, 그 정보의 진실을 판별하는 것은 결국 당신의 몫이다.

AI와 사주?

미래 핵심 역량: 비판적 사고

최근 21세기 미래 인재의 핵심 역량으로 '4C'가 제안되고 있다. 4C란 창의력(creativity), 의사소통 능력(communication), 협업 능력(collaboration) 그리고 비판적 사고력(critical thinking)을 말한다. 이 중 특히 주목할 만한 역량은 바로 '비판적 사고력'이다.

특히 AI 시대에는 '비판적 사고력'이 아주 중요하다. AI 시대의 가장 치명적인 오류 중 하나가 바로 '그럴듯함의 오류'이기 때문이다.

AI가 제공하는 정보는 '매우 그럴듯해' 보이지만 반드시 확인해 봐야 한다. 왜냐하면 챗GPT가 작성한 글 네 건 중 세 건은 틀렸기 때문이다.

따라서 우리는 AI가 생성하는 정보를 그대로 받아들이는 습관을 과감히 버려야 한다. 다시 말해 AI가 생성하는 정보가 겉보기에는 매우 그럴듯해 보이더라도 실제로 그 정보가 정확한지 확인하는 절차를 분명히 거쳐야 한다.

실제로 지금의 AI는 마치 '모든 것을 아는 천재'처럼 보이지만, 때때로 '자신감 넘치는 허풍쟁이'로 생각해야 한다. 질문에 대한 대답이 그럴듯해서 믿고 넘어가기 쉽지만, 알고 보면 사실과 전혀 다른 말을 '그럴싸하게' 말하는 경우도 적지 않기 때문이다.

이 때문에 일부 전문가들은 AI를 '지식의 착시를 일으키는 마법사'라고 부르기도 한다. 그래서 우리는 이제 정보를 받아들이는 수동적 소비자가 아니라 AI가 내놓은 답을 한 번 더 의심하고 검증할 줄 아는 디지털 탐정이 되어야 한다. 마치 셜록 홈스가 단서를 추리하듯, 우리는 AI가 제시한 '정답'이라는 퍼즐을 직접 해체하고 재구성할 수 있는 능력을 길러야 한다. 이것이 바로 AI 시대를 살아가는 새로운 시민의식이자, 기술을 길들이는 지혜다.

우리가 AI 시대에 정보의 홍수 속에서 길을 잃지 않게 하는 비판적 사고의 중요성이 더욱 강조되고 있다. 비판적 사고란 단순히 정보를 수용하는 것이 아니라 특별히 그 정보를 분석하고 평가하며, 정확성과 신뢰성을 판단하는 능력을 의미한다.

말하자면 우리는 정확한 정보와 부정확한 정보를 구분하는 '판단력'을 가져야 한다. 앞으로 정확한 정보와 부정확한 정보를 구별해 낼 수 있는 비판적 사고는 AI 시대를 살아가는 우리에게 필수적인 덕목으로 자리 잡을 것이다.

챗GPT가 작성한 글, 네 건 중 세 건은 틀리다

챗GPT가 작성한 글이 네 건 중 세 건은 틀리다는 보고가 있다. 소위 말해 AI는 양심이 없다. 사람은 거짓말을 하면 눈동자라도 흔들리지만 AI는 태연하게 거짓정보를 내놓는다. 따라서 당신은 비판적 사고력으로 정확한 정보와 부정확한 정보를 구별해 낼 수 있어야 한다.

이를 위해서는 단순히 정보를 소비하는 수준을 넘어 정보를 분석하고, 그 출처를 검토하며, 논리적 타당성을 따질 수 있는 능력이 필수적이다.

즉 AI가 제공하는 편리함을 누리되, 그것에 전적으로 의존하지 않고 스스로 사고하는 힘을 키워야 한다. 특히 디지털 환경에서는 수많은 정보가 실시간으로 생성되고 유통되기 때문에, 진위를 판단하는 비판적 사고력은 그 어느 때보다 중요한 시대적 역량이 되었다. 결국 AI 시대를 주도하는 사람은 기술을 맹신하는 사람이 아니라 기술을 도구로 삼아 더욱 깊이 사고하고 정확하게 판단할 줄 아는 사람이다.

어떻게 비판적 사고를 기를 수 있을까

그렇다면 비판적 사고력을 어떻게 기를 수 있을까? 가장 중요한 것은 '근거'와 '확인'이다. 단순히 AI가 제공하는 정보에 의존하는 것이 아니라, 왜 그런 정보가 주어졌는지, 그 정보가 어디서 비롯된 것인지에 대해 끊임없이 질문을 던지고 탐구할 줄 알아야 한다.

따라서 비판적 사고를 실천하는 구체적 방법은 정보의 출처와 근거를 철저히 확인하는 것이다. 예를 들어 AI가 제공한 정보가 과학적 연구에 기반한 것인지, 혹은 단순히 가설에 불과한지를 구별해야 한다. 즉 당신은 증거 기반 접근 방식을 채택하고, 각종 자료가 신뢰할 수 있는 출처에서 왔는지, 그리고 그 출처가 객관적인 데이터를 제시하고 있는지 살펴보는 습관을 길러야 한다.

또한 AI가 제공하는 정보를 그대로 받아들이기보다는 반드시 의심하고 검증하는 과정을 거쳐야 한다. 예를 들어 AI가 제시한 정보가 사실과 일치하는지, 혹은 자주 변하는 최신 트렌드나 변화된 데이터를 반영하는지 확인하는 것이 중요하다. 또한 AI가 제공하는 답이 일반적 규칙에 맞는지, 혹은 특정 상황에 대한 예외를 고려했는지도 점검해야 한다.

요컨대 AI 시대에는 "왜?"라는 질문을 끊임없이 던지는 것이 중요하다. AI가 제공하는 정보에 대해 왜 그런 결론에 도달했는지, 그 배경에는 무엇이 있는지를 파고들어야 한다. 이는 단순히 사실을 받아들이는 수준을 넘어 그 사실에 대한 깊이 있는 이해를 도모하고 정보의 흐름을 이해하려는 노력을 기울이는 것이다.

결론적으로 AI가 많은 양의 정보를 빠르게 제공할 수는 있지만, 그 정보가 정확하고 정말 가치 있는지에 대한 판단은 여전히 인간의 몫이다. AI는 도구일 뿐, 그 도구를 어떻게 활용하느냐에 따라 우리의 미래가 달라지기 때문이다. 따라서 정보의 바다에서 자신만의 나침반을 가지고 방향을 잡을 수 있는 능력을 가진 사람, 즉 비판적 사고력을 갖춘 사람이 진정한 AI 시대의 인재다.

전략 제안: 비판력을 기를 수 있는 3단계 전략

최근 SNS에서 '에펠탑 화재' 사진이 급속히 확산되는 일이 있었다. 당시 파리 시민들은 놀란 마음을 부여잡고 거리를 나섰지만, 에펠탑에는 아무런 이상이 없었다. 뉴스와 파리 경찰은 화재가 일어나지 않았음을 공표했다. 확인 결과, '에펠탑 화재' 사진은 AI로 생성된 가짜 이미지라는 것이 밝혀졌다. 이 사건은 AI 이미지가 가짜뉴스를 확산한 대표적 사례로, 이날부터 사람들은 '그럴듯함의 오류'가 진짜보다 더 위험한 무기가 되었음을 직감했다.

AI는 본질적으로 '그럴듯함(plausibility)'을 최대화하도록 학습되어, 검증되지 않은 정보를 설득력 있게 포장

할 수 있다는 특징이 있다. 생성된 허위 정보는 굉장히 자연스럽고 일관되어 보이나, 그 근거가 전혀 없는 경우도 많다.

따라서 비판력을 기를 수 있는 전략을 다음과 같이 제안할 수 있다. 첫째, 먼저 출처를 분명히 확인하라. 이 정보의 출처는 공식 기관이나 공신력이 있는 언론사인가? 작성 시점과 데이터의 최신성은 어떠한가? 작성자의 전문성 · 이력은 과연 믿을 만한가? 정보의 출처가 믿을 수 있는 곳인지 먼저 확인해 보라.

둘째, 의심의 3단계를 실행해 보라. ① 이 주장의 근거는 무엇인가? ② 반대 사례나 예외는 없는가? ③ 내가 미처 파악하지 못한 내용이나 간과한 맥락이 없는가? 이로써 내용 자체에서 오류를 검증해 낼 수 있다.

셋째, 크로스체크 툴을 활용해 보라. 예를 들어 챗GPT → 클로드 → 제미나이 등 복수 모델에 동일한 질문을 해 보라. 똑같은 대답이 나온다면 신뢰할 수 있다. 그러나 크로스체크 툴을 사용하고도 상반된 정보가 나온다면 다시 검증해 보아야 한다.

결론적으로 비판력은 단순한 의심이 아니라 논리적 근거와 판단력의 출발점이다. AI의 '그럴듯한 오류'를 가려내는 최초의 방어막이 바로 당신의 '비판력'이다.

05
PD 능력, 이제 당신은 PD가 되어야 한다

AI 시대, PD 능력을 갖춘 사람이 인재다. 당신은 일을 시작하기 전에 결과물의 명확한 아웃풋 이미지를 갖고 일하는가? 당신은 이제 무엇을, 왜, 어떻게 만들 것인가에 대한 총체적인 그림을 그릴 수 있어야 한다. 말하자면 AI 시대의 당신은 PD 능력을 갖춘, 기획하고 완성하는 인재로 거듭나야 한다. AI는 도구일 뿐, 그것을 무대 위에 올릴 기획자는 바로 당신이다.

AI와 아이돌?

AI 시대, 당신은 PD로 거듭나야 한다

영화감독이나 PD가 특별한 이유는 단순히 멋진 장면을 연출하거나 유명한 배우들과 함께 작업하기 때문이 아니다. PD나 영화감독이 대단한 이유는 자신이 찍고자 하는 각종 장면들이 이미 그들의 머릿속에 선명히 그려져 있기 때문이다. 그들은 다만 카메라를 이용해 그들의 머릿속에 있는 장면들을 실제적으로 구현할 뿐이다.

영화를 보다가 이런 생각을 해 본 적이 있는가? "어떻게 감독이 이런 장면을 상상했을까?" 실제로 유명 감독들의 인터뷰를 보면, 그들은 종종 이런 말을 한다. "이미 모든 장면은 제 머릿속에 있습니다. 저는 단지 그것을 촬영했을 뿐이죠."

감독은 이 장면에서 배우의 표정은 어떠해야 하며, 이때의 배경음악은 어떤 음악이 흘러야 하며, 조명은 어떠해야 하는지 먼저 머릿속에서 구상한다. 그 후 카메라와 배우, 음악, 조명이라는 도구를 통해 그 '머릿속 이미지'를 '현실로 구현'해 낸다. 그러니까 결국 PD나 감독이란 '상상력의 구현자'인 것이다.

AI 시대를 살아가는 우리도 이제 PD가 되어야 한다. 오늘 당신이 작성해야 하는 기획서, 만들어야 하는 프레

젠테이션, 제작해 보고 싶은 유튜브…. 사실 이 모든 것도 일종의 콘텐츠다.

이제는 당신도 PD처럼 머릿속에서 그 결과물의 '아웃풋 이미지(output image)'를 미리 그리고 일을 해야 한다. 실질적으로 AI가 당신의 최종 결과물이 성공적으로 구현될 수 있도록 도와줄 수 있는 새로운 시대가 시작되었다.

기획서를 쓰는 AI, 코드를 짜는 AI, 영상 편집을 하는 AI, 심지어 목소리를 대신 녹음해 주는 AI까지. 우리는 이제 아이디어만 있으면 무엇이든 제작할 수 있다. 즉 1인 콘텐츠 프로듀서(PD)의 시대가 열린 것이다.

1인 프로듀서 시대 개막하다

PD나 영화감독은 결코 혼자 힘으로 영화를 만들지 않는다. 그들에게는 스태프들과 장비들이 있다. 마찬가지로 AI는 당신의 카메라이자 편집기, 조감독의 역할을 수행할 수 있다. 예를 들어 챗GPT로 글의 구성과 흐름을 정리하고, 미드저니(Midjourney)나 달리(DALL · E)로 이미지를 생성하고, 런웨이(Runway)나 피카(Pika)로 짧은 영상까지 만들 수 있으며, 다양한 GPT를 활용해 실시간으로 아이디어를 평가하고 보완까지 할 수 있다.

이제 중요한 건 하나다. 당신은 머릿속에 무엇을 그리고 있는가?

실제로 최근 콘텐츠 생성 플랫폼 캐럿(Carrot)의 단편영화 기획전에서 일반 참가자들이 AI를 활용해 단편영화를 제작하는 프로젝트가 진행되었다. 그중 〈마음으로 보는 빛〉이라는 작품은 고전 심청전을 현대적으로 재해석한 영상으로, 챗GPT로 시나리오를 작성하고, 미드저니로 장면을 시각화, 런웨이로 영상을 저비용으로 구현해 냈다.

참가자는 전문 감독이 아니었지만, AI를 조연출처럼 활용해 기획부터 연출까지 전 과정을 디렉팅하며 단 2주 만에 작품을 완성했다. 이 사례는 "기획이 곧 PD다"라는 말의 의미를 AI 시대에 새롭게 증명했다.

전략 제안: PD 능력을 기를 수 있는 5단계 전략

AI 시대, 그럼 어떻게 PD가 될 수 있을까? 우선 머릿속에 '완성본'을 먼저 그려라. AI를 잘 활용하는 사람과 그러지 못하는 사람의 차이는 기술력이 아니다. 시작 전에 전체를 볼 수 있느냐 없느냐의 차이다.

PD는 찍기 전에 이미 편집을 마친다. 디자이너는 그리기 전에 이미 결과를 상상한다. 작가는 쓰기 전에 문장의 감정을 떠올린다. 이제 당신 차례다. AI는 한낱 도구일 뿐, 중요한 것은 당신이 어떤 '장면'을 머릿속에 그리고 있느냐다. 그래서 앞으로는 보고서를 작성할 때, 영상을 만들 때, 서비스를 기획할 때, 먼저 '나는 이걸 어떻게 완성하고 싶은가?'라는 질문부터 던져야 한다.

이제 당신이 PD 역할까지 맡을 시간이 왔다. AI 시대에 중요한 것은 기획력과 상상력 그리고 그것을 구체화할 수 있는 마음속의 편집본이다. '생각만 해도 현실이 되는 시대'가 우리 눈앞에 있다.

AI 시대, PD로 거듭날 수 있는 5단계 전략

1단계: 상상력을 구체화하라 - '결과물'을 그리는 법

우선 당신 스스로가 무엇을 만들고 싶은지 명확히 해 보라. 구체적 방법으로는 아이디어를 생각해 보기, 종이에 스케치해 보기, 간단한 목차 정리 등이 있다.

2단계: AI에게 묻고 배우라 - 시나리오 작성하기

AI와 대화하면서 '콘텐츠 구조'를 함께 설계해 보라. 예를 들어 AI에게 "이 주제로 유튜브 대본을 3분 길이로 짜줘"라고 요청할 수 있다. 여기서 중요한 점은 질문보다

지시형이 더 효과적이라는 것이다("~해 줘", "~로 구성해 줘" 등).

3단계: 시각적 상상력을 AI로 옮겨라 - 이미지와 영상화

미드저니, 달리, 피카, 런웨이로 상상한 이미지를 생성해 보라. 예를 들어 책 표지, 섬네일, 제품 아이디어 스케치 등을 실제 이미지로 생성해 볼 수 있다. 이때 중요한 것은 '비주얼 무드보드'를 만들듯 AI에게 감성과 스타일까지 구체적으로 요청할 수 있다는 점이다.

4단계: 반복과 수정 - 프롬프트를 다듬는 힘

처음부터 완벽한 결과가 나올 순 없다. PD는 "이 장면 다시"라고 외친다.

AI도 마찬가지다. 프롬프트를 반복하면서 완성도 높은 결과를 얻어야 한다. 예를 들어 "좀 더 감성적으로", "MZ세대에게 맞춰 다시 써 줘"처럼 PD의 디렉팅과 같이 수정 명령을 내릴 수 있다.

5단계: 하나의 포맷이 아니라 '멀티 포맷 콘텐츠'로 생각하라

자신이 만든 콘텐츠를 1회용으로만 사용하기에는 매우 아까운 시대다. 따라서 자신이 제작한 콘텐츠를 PDF, 영상, SNS 카드뉴스, 블로그 등 다양한 포맷으로 재활용할 줄 알아야 한다. 예를 들어 하나의 기획안을 발표 자료 → 블로그 글 → 영상 요약으로 전환할 수 있는 '멀티 포맷 콘텐츠'를 기획하고 꿈꿀 수 있다.

06
기술력, AI를 잘 다루는 사람이 인재다

결국 핵심은 기술력이다. 당신은 새로운 디지털 도구나 기술을 두려워하지 않고 시도할 수 있는가? 그리고 그것에 빠르게 적응하고 활용하는 사람인가? 만약 아직 두렵다면, 지금이야말로 기술을 내 편으로 만드는 인재로 거듭나야 할 때다.

AI와 야구?

AI를 실제로 잘 다루는 사람이 인재다

AI 시대에 가장 중요한 요소 중 하나는 바로 '기술력'이다. 기술력을 잘 갖춘다는 것은 단순히 AI를 잘 사용하고 이해하는 것을 넘어, AI의 잠재력을 최대한 발휘할 수 있는 능력까지 의미한다. 이제 기술력은 단순한 테크니컬한 스킬 이상의 가치를 지니며, 이는 AI 시대에 인재가 되기 위한 필수적인 요건으로 자리 잡고 있다.

우리가 맞닥뜨리고 있는 AI 시대는 정보와 데이터의 홍수에 직면하고 있으며, 이러한 데이터들을 효과적으로 처리하고 분석하는 능력은 곧 개인의 경쟁력과 직결되고 있다. 데이터를 다루는 기술력은 복잡한 문제를 해결하는 데 필요한 핵심 요소며, 이를 통해 더욱 새로운 가치를 창출할 수 있다. 따라서 AI 기술을 제대로 이해하고 활용할 수 있는 기술력은 그 어느 때보다 더욱 중요해지고 있다.

즉 기술력이 앞선 사람은 AI 시대에 자연스럽게 선두주자로 우뚝 설 수 있다. AI 기술은 너무나도 빠르게 발전하고 있으며, 그것을 주저하지 않고 선도적으로, 적극적으로 활용하는 사람들은 누구보다 먼저 변화의 흐름을 포착하고 그에 맞춰 빠르게 대응할 수 있기 때문이다. 또한 이들은 단순히 기술을 이해하는 데 그치지 않고, 그 기술을 혁신적으로 활용해 새로운 시장을 개척하고, 기존 문제를 해결하는 데 크게 기여할 수 있다.

이와 같은 이유로 기술력은 AI 시대에 요구되는 사실상 가장 중요한 인재의 요건이다. AI 기술을 제대로 다루지 못한다면 변화의 물결에 휩쓸리거나 뒤처질 위험이 크다. 반면 AI 기술을 잘 이해하고 능숙하게 다룰 수 있는 사람은 AI 시대에서 새로운 기회를 포착하고, 그 기회를 실현할 수 있다.

그러나 AI 시대가 요구하는 기술력은 단순히 코딩이나 데이터 분석과 같은 특정한 기술력만을 의미하지 않는다. AI를 이해하고 AI를 활용해 혁신적인 해결책을 창출할 수 있는 능력, 그리고 지속적으로 변화하는 기술 환경에 적응할 수 있는 유연성과 학습 능력까지 포함한다. 따라서 AI 기술은 단순히 단세포적인 스킬이 아니라 복합적인 기술적 역량을 요구하며, 이러한 역량을 갖춘 인재만이 미래의 리더로 성장할 수 있을 것이다. 달리 말해 이제는 '기술'을 이해하지 못하면 결코 리더가 될 수 없다.

따라서 우리는 기술력의 중요성을 인식하고 이를 개발하기 위해 꾸준히 노력해야 한다. AI 시대의 선두주자가 되려면 기술을 단순히 따라가는 것이 아니라 그 기술에서 앞서 나가고, 새로운 가능성을 창출하는 능력을 길러야 한다. 이러한 기술력에 토대할 때, 우리는 AI 시대의 변화를 주도하고 그 변화를 통해 분명 더 나은 미래를 만들어 갈 수 있을 것이다.

기술력 적용 실제 사례

스마트스토어를 운영하던 어느 1인 창업자 A 씨는 "언제 배송되나요?", "재입고 예정 있나요?", "교환은 어떻게 하나요?"와 같이 하루에도 수십 건씩 반복되는 고객 문의에 지쳐 있었다. 그런 A 씨는 어떻게 매일 오는 고객 문의를 쉽고 빠르게 처리할 수 있을지 고민이 커져만 갔다.

그러던 중 챗GPT API와 노션을 연동해 자동화 챗봇을 제작할 수 있다는 것을 알게 되었다. 챗봇을 제작한 결과 응대 속도가 실시간으로 빨라졌고, 리뷰에는 "답변이 빠르고 친절하다"는 평가가 늘었다.

A 씨는 이런 기술에 대한 지식이 전무했지만 AI를 통해 자동화 챗봇을 만들 수 있었다. 이처럼 AI를 잘 활용하면 부족한 기술력을 채워 새로운 계기를 맞을 수 있다.

AI를 잘 다루는 기술력은 왜 중요한가

AI 기술의 발전은 21세기 들어 가장 큰 혁신 중 하나로

꼽힌다. AI는 우리의 삶과 일상에 깊숙이 자리 잡고 있으며, 그 영향력은 점차 확대되고 있다. 이제 AI 기술을 잘 다루는 기술력은 단순한 선택이 아니라 필수 역량으로 자리매김하고 있다. 그렇다면 AI를 잘 다루는 기술력이 왜 중요한지에 대해 살펴보자.

미래 경쟁력의 핵심 요소

AI 기술은 전 세계적으로 다양한 산업에서 필수적인 도구로 자리 잡고 있다. 의료, 금융, 제조, 교육 등 거의 모든 분야에서 AI는 혁신을 이끌고 있으며, 기업들은 AI 기술을 활용해 경쟁력을 강화하고 있다. 이 과정에서 AI를 잘 다룰 수 있는 기술력은 개인과 조직의 경쟁력을 결정짓는 핵심 요소가 된다. AI를 통해 데이터를 분석하고, 패턴을 예측하며, 자동화된 설루션을 도입하는 능력은 더 나은 의사결정과 효율성을 제공한다. AI 기술력을 갖춘 사람이나 조직은 이러한 이점을 바탕으로 경쟁에서 앞서 나갈 수 있다.

복잡한 문제 해결의 필수 도구

현대 사회가 직면한 문제들은 점점 더 복잡해지고 있다. 기후 변화, 의료 문제, 경제 불안정 등은 단순한 방법으로 해결하기 어려운 문제들이다. AI는 이러한 복잡한 문제들을 분석하고 해결하는 데 강력한 도구로 사용된다. 예를 들어 AI는 기후 모델을 분석해 기후 변화의 영향을 예측하고, 이를 통해 효과적인 대응 전략을 수립할 수 있다. 의료 분야에서는 AI가 질병 진단과 치료 계획을 최적화하는 데 중요한 역할을 하고 있다. 따라서 AI를 잘 다루는 기술력은 이러한 복잡한 문제를 효과적으로 해결하는 데 필수적이다.

효율성과 생산성 향상

AI 기술은 인간의 능력을 보완하고 확장하는 데 중요한 역할을 한다. 반복적이고 시간이 많이 소요되는 작업을 자동화함으로써 AI는 업무의 효율성과 생산성을 크게 향상할 수 있다. 예를 들어 제조업에서는 AI를 활용한 로봇이 생산 라인을 자동화해 생산성을 높이고 오류를 최소화하는 데 기여하고 있다. 데이터 분석에서는 AI가 대량의 데이터를 신속하게 처리하고, 의미 있는 통찰을 도출해 의사결정을 지원한다. 이러한 효율성과 생산성의 향상은 AI를 잘 다루는 기술력에서 비롯되며, 이는 곧 경제적 이익으로 연결될 수 있다.

지속적인 학습과 적응 능력

AI 기술은 매우 빠르게 발전하고 있으며, 새로운 도구와 방법론이 끊임없이 등장하고 있다. 이러한 기술적 발전 속에서 뒤처지지 않기 위해서는 AI를 잘 다루는 기술력이 필수적이다. AI 기술력을 갖춘 사람은 새로운 기술을 빠르게 습득하고, 변화하는 환경에 유연하게 적응할 수 있는 능력을 가지고 있다. 이는 개인의 경력 개발뿐만 아니라 조직의 지속 가능한 성장에도 중요한 요소로 작용한다. AI를 잘 다루는 기술력은 변화의 속도에 맞춰 학습하고 발전하는 데 중요한 기반이 된다.

미래 인재로서의 필수 역량

미래의 노동 시장은 AI와 함께할 것이다. 이에 따라 AI를 잘 다루는 기술력은 미래 인재로서 갖춰야 할 필수 역량으로 부각되고 있다. AI 기술을 이해하고 활용하는 능력은 단순한 전문 기술을 넘어 창의적 문제 해결, 전략적 사고, 협업 능력 등 다양한 역량과 결합되어야 한다. AI를 통해 새로운 아이디어를 창출하고, 이를 실현할 수 있는 인재는 미래 사회에서 중요한 역할을 담당할 것이다. 따라서 AI 기술력을 갖추는 것은 단순한 기술적 능력을 넘어 미래 사회에서의 생존과 성장을 위한 필수 조건이다.

실제로 프록터앤드갬블(Procter & Gamble, P&G)의 마케팅팀은 AI 기반 분석툴을 활용해 수천 개 제품 리뷰를 실시간 분석하고, 소비자 피드백을 바탕으로 제품 개발 방향을 빠르게 조정하는 데 성공했다. 단지 데이터를 모으는 것을 넘어 AI로 빠르게 '의미 있는 인사이트'를 뽑아낸 것이다. 또 제너럴일렉트릭(General Electric, GE)은 공장 운영자에게 AI 기반 예지정비 설루션을 도입해, 기계 고장을 사전에 감지하고 유지보수 비용을 20퍼센트 이상 절감한 사례를 보여 주었다. 이처럼 AI를 실무에 접목할 수 있는 기술력은 기업 경쟁력의 중심에 있다.

결론적으로 AI를 잘 다루는 기술력은 이제 선택이 아니라 생존의 문제다. 개인이 조직 내에서 더 높은 성과를 내고, 조직이 변화의 물결 속에서 민첩하게 대응할 수 있도록 돕는 핵심 무기다. AI 기술력은 단지 프로그래밍을 잘하는 것에 그치지 않고, 지속적인 학습과 변화에 대한 민감성, 데이터 기반 의사결정력 그리고 AI를 실무에 연결할 수 있는 실행력을 함께 요구한다.

이제 누구보다 먼저 AI를 배우고 활용할 줄 아는 사람이 기업의 미래를 이끄는 인재가 된다. 결국 AI는 우리의 일자리를 빼앗는 존재가 아니라, 더 전략적인 일에 집중할 수 있도록 돕는 동료로 인식되어야 한다. 기업 구성원

개개인이 AI 기술을 내 일과 연결하는 순간, 조직 전체가 더 민첩해지고 더 강력해질 수 있기 때문이다.

전략 제안: 어떻게 기술력을 기를 수 있을까

기술력의 중요성이 강조되는 AI 시대에 기술력을 활용하기 위한 전략적 실천법을 다음과 같이 제안할 수 있다. 첫째는 프롬프트 A/B 테스트로 두 가지 방식의 요청을 비교해 효과적 방법을 찾아내는 방법이다. AI 시대의 핵심은 '판단력'인데, 이 판단력을 바탕으로 A안과 B안을 비교해 더욱 효과적인 대안을 선택할 수 있다.

둘째는 No-code/Low-code 연동을 활용한 AI 워크플로 자동화다. 이 방법은 버블이나 메이크와 같은 플랫폼을 사용해 복잡한 코딩 없이 AI 시스템을 쉽게 자동화할 수 있게 해 준다.

셋째는 커뮤니티 활동이다. 프롬프트 엔지니어링 관련 슬랙이나 디스코드 채널에 가입해 다양한 팁과 정보를 수집하는 과정은 기술력을 향상하는 데 큰 도움이 된다. 이러한 전략들은 AI 기술을 더욱 효과적으로 활용하는 데 필수적인 요소들로 자리매김할 것이다.

07
협업력, 협업할 수 있는 사람이 인재다

혼자만 잘해서는 살아남을 수 없는 세상이다. 이제는 사람뿐만 아니라 AI와 협업할 줄 알아야 한다. 사람과 AI를 파트너로 인식하는 순간 당신의 업무력은 크게 업그레이드될 것이다. 사람과 AI를 파트너로 인식하는 관계역량이 최근 부상하고 있다.

AI와 윤동주?

AI와 협업할 수 있는 사람이 인재다

우리는 오랫동안 '혼자 잘하는 사람'을 인재라고 불러 왔다. 혼자 문제를 해결하고, 혼자 일처리를 끝내고, 혼자 똑똑한 사람이 되는 것. 그것이 성공의 기준이었다. 하지만 그 기준은 지금 조용히, 그러나 완전히 무너지고 있다. 왜냐하면 지금은 AI와 함께 일하는 사람이 진짜 인재이기 때문이다.

재미있는 것은 이제 AI 시대가 본격적으로 시작되었지만 많은 사람들이 챗GPT를 사용하는 데 일종의 유죄의식(guilty mind)을 갖고 있다는 것이다. 그러나 이제는 당당히 AI와 협업해 더욱 고급인재로 업그레이드 되어야 한다.

예를 들어 우리는 지금까지 오랜 시간 동안 컴퓨터를 '사용'하는 방법에 대해 배웠다. 그러나 이제 단순한 '사용'이 아니라 AI와 '협업'할 줄 아는 방법을 배워야 한다. 즉 당신은 AI를 당신을 위한 새로운 파트너로 인식해야 한다.

AI는 생각을 확장하는 동료가 될 수 있다. 당신이 미처 떠올리지 못한 가능성을 제안하는 창의적 파트너가 될 수 있다. 업무의 속도와 효율을 폭발적으로 높여 주는 강력한 도우미가 될 수 있다.

예를 들어 어떤 세계적인 팝음악 작곡가가 "이번 앨범에는 AI가 작곡 파트너로 참여했습니다. 우리가 만든 멜로디를 기반으로 AI가 다양한 버전 20개를 제시했고, 그 중 하나가 이번 타이틀곡이 되었어요"라고 말하는 일이 일어날 수 있다.

실제로 AI는 음악에서 코드 진행, 리듬, 감정 흐름까지 분석해 창작을 돕는다. 따라서 인간 혼자 작곡하는 시대는 끝났다. AI와 협업하는 능력이 뛰어난 사람이 히트곡을 만들어 내는 새로운 시대의 위대한 작곡가가 될 수 있다.

결국 이제 AI와 얼마나 잘 협업하느냐가 당신의 경쟁력이다. 이러한 인식이 매우 중요하다. 즉 AI는 더 이상 대체자가 아니라 당신과 함께 문제를 풀어 가는 공동 창작자(co-creator)다.

AI와 인간의 실제 협업 사례

최근 삼성전자는 고객 응대 품질을 높이기 위해 마이크로소프트 생성형 AI 기반 챗봇 시스템을 도입했다. 이 챗봇은 삼성닷컴과 리테일 매장에서 고객의 질문에 실시간으로 응답하며, 제품 기능 설명부터 구매 안내까지 전담한다.

그러나 AI가 모든 질문을 해결하지는 못한다는 한계점이 있었고, 이에 삼성은 AI가 처리하지 못한 문의를 즉시 상담원에게 연결하는 하이브리드 시스템을 구축했다.

그 결과 고객 응답 속도는 두 배 향상, 만족도는 30퍼센트 이상 상승하며 AI와 사람의 협업이 만들어 내는 시너지를 보여 주었다. 이러한 삼성전자의 사례는 'AI는 도구가 아니라 동료'라는 인식을 실무에 적용한 대표적 협업 모델로 평가할 수 있다.

관계역량의 부상

AI 시대가 되면 인간의 역할은 줄어들고, 사람 간의 소통도 줄어들 것이라고 흔히들 생각한다. 하지만 실상은 그 반대일 수 있다. AI가 더 많은 일을 '자동화'할수록, 오히려 '인간만이 할 수 있는 영역'이 더욱 가치 있게 부각되기 때문이다. 그중 가장 핵심적인 것이 바로 '관계역량(interpersonal skill)'이다.

하버드대학교의 연구에 따르면 미래 일자리 핵심 역량 중 관계역량이 가장 빠르게 중요해지고 있다. 구체적으로는 수치 기반 문제 해결 능력이나 복잡한 알고리즘 지식보다 "함께 일하는 동료와 소통하고, 감정을 조율하고, 갈등을 해결하는 능력"이 더 강력한 경쟁력이 되고 있다.

왜 그럴까? 첫째, AI는 대화를 '시뮬레이션'할 수는 있어도, 진짜 감정, 신뢰, 공감, 미묘한 분위기를 완벽히 이해하진 못하기 때문이다. 이것이 AI의 한계다. 결국 사람과 사람 사이 연결을 만들어 내는 것은 여전히 인간만이 할 수 있는 고유 영역이다.

둘째, AI가 이메일을 자동 작성하고, 미팅 일정을 자동으로 정리해 주는 시대에 진짜 중요한 것은 "누구와, 어떻게 함께 일하는가"라는 팀워크다. 한 스타트업 CEO는 이렇게 말한다. "AI가 80퍼센트의 업무를 도와줄수록, 팀워크는 두 배로 중요해졌어요. 결국 남는 건 사람이고, 분위기고, 신뢰더라고요."

셋째, 지금 필요한 인재는 '감정적으로 안정되고 지혜로운 사람'이다. AI 시대의 인재는 혼자 똑똑한 사람이 아니다. 다른 사람을 이해하고, 연결하고, 팀 안에서 시너지를 만들어 낼 줄 아는 사람이다. 타인의 감정을 읽고 적절하게 반응하는 감성지능(EQ) 협업과 공존을 위한 커뮤니케이션 역량, 심리적 안정감을 주는 리더십과 배려 등 이 모든 것이 미래 인재의 '진짜 스킬'이 되어 가고 있다.

요약하자면 AI가 일을 대신 해 줄수록, 사람은 더 인간다워야 한다. AI는 효율을 책임지지만 관계와 문화, 신뢰와 리더십은 여전히 사람의 몫이기 때문이다. 이 균형을 잘 이해하고 실천하는 사람이야말로 미래 조직에 없어서는 안 될 핵심 인재로 성장할 것이다.

결국 AI 시대의 경쟁력은 단순한 '기술력'만으로 결정되지 않는다. 오히려 '누구와 어떻게 협력하느냐', '어떤 분위기 속에서 팀이 작동하느냐', '위기 상황에서 누가 신뢰를 붙잡고 조직을 이끄느냐'가 훨씬 더 중요해질 것이다. 기술이 진보할수록 인간적인 따뜻함, 진정성 있는 경청, 신뢰를 주는 리더십은 더욱 귀해지고, 그만큼 강력한 차별화 요소가 될 수 있다. AI는 데이터를 줄 수 있지만 믿음을 줄 수는 없고, 숫자는 계산할 수 있어도 사람을 움직이는 것은 결국 감정이기 때문이다.

앞으로의 인재는 지식과 감성이 균형 잡힌 사람, AI와 협업하면서도 사람의 마음을 읽고 돌볼 줄 아는 사람이어야 한다. 기술은 우리를 도와주는 도구이지, 인간다움을 대체하는 존재가 아니다. 결국 우리가 길러야 할 진짜 역량은 '사람의 마음을 움직일 수 있는 부드러운 힘'이기 때문이다. 그 힘이 바로 AI 시대의 가장 인간적인 경쟁력이 될 수 있다.

전략 제안: 어떻게 협업력을 기를 수 있을까

AI와 인간의 '협업력'은 현재 AI 시대에 매우 중요한 요소로 부각되고 있다. 이를 효과적으로 구현하기 위한 다음과 같은 전략을 제안할 수 있다.

첫째, AI와 인간의 역할 분담 매뉴얼을 설계하는 것이 중요하다. 이는 'AI가 할 일'과 '사람이 할 일'을 명확히 구분해 각자의 강점을 최대화함으로써 사람들에게 최적화되고 자연스러운 서비스를 제공하는 방식이다.

둘째, 피드백 루프를 구축하는 방법도 필수적이다. 예를 들어 기업의 주간 회의에서 상담원, 개발팀, AI 담당자가 모여 오류 패턴을 공유함으로써 AI와 사람 간의 협업을 점진적으로 개선할 수 있다.

셋째, 감정 인식 훈련이 필요하다. 고객의 응답에서 감정을 파악할 수 있는 키워드 리스트를 작성하고, 이를 바탕으로 AI의 답변과 사람의 답변을 비교함으로써 고객 응대의 질을 높이고 감정적으로도 적절한 반응을 제공할 수 있다.

넷째, 소통 가이드라인을 수립해야 한다. 이는 간결한 언어와 일관된 톤, 매너를 통해 사용자가 일관된 경험을 할 수 있도록 도와준다. 이러한 방법들은 AI와 인간의 협업력을 극대화하는 데 중요한 역할을 한다.

결론적으로, 앞으로 AI는 단순한 도구가 아니라 '함께 일하는 동료'로서의 역할을 할 것이다. 이제 우리가 AI를 다룰 때 중요한 점은, 기술적 성능이나 데이터를 처리하는 능력뿐 아니라 AI와 협업하고 소통하는 능력이 중요하다는 것이다. 즉 협업력을 갖출 때 AI와 인간은 서로의 강점을 더욱 극대화하는 '협업의 파트너'가 될 수 있다.

08
기본력, 기본이 강한 사람이 인재다

AI 시대는 최첨단 기술의 시대처럼 보이지만, 오히려 기본기가 더 중요해지고 있다. 결국 우리는 다시 기본으로 돌아가야 한다. 읽고, 쓰고, 말할 줄 아는 사람, 자신의 생각을 명확하게 표현할 수 있는 사람이 진짜 인재다. 기본은 느려 보여도 언제나 가장 멀리 가는 힘이다.

AI와 한의학?

다시 기본으로

AI 시대에 '기술'을 따라가지 않으면 도태될 것 같다는 생각이 드는 것이 사실이다. 그러나 역설적이게도 AI 시대가 올수록 '기본력'은 더욱 중요해진다.

AI 시대에 의외로 중요한 것이 바로 '기본력'이다. 아무리 AI가 스스로 알아서 많은 일을 처리해 준다고 하더라도 인간에게 여전히 가장 중요한 것은 기본력이며, 기본력을 갖출 때 더 큰 그리고 더 진정한 지식혁명을 경험할 수 있다.

그렇다면 기본력이란 무엇인가? 기본력은 왜 중요한가? 우선 기본력이란 인간이 사회에서 살아가며 필수적으로 갖춰야 하는 능력들, 예를 들어 읽고 쓰고 말하는 능력을 의미한다. 이러한 기본력은 단순한 스킬이 아니라 우리가 세상을 이해하고, 타인과 소통하며, 문제를 해결하는 데 필요한 가장 근본적인 도구다. 따라서 AI 시대에도 기본력은 그 중요성을 잃기는커녕 더욱 빛난다. 즉 기본력이 탄탄한 사람이 더 큰 성장을 이룰 수 있다.

예를 들어 기본력은 우리가 정보를 습득하고, 이를 효과적으로 전달하며, 창의적인 사고까지 할 수 있게 한다. 오늘날 AI는 방대한 데이터를 처리하고 복잡한 분석을 수행할 수 있지만, 결국 이러한 분석 결과를 이해하고,

이해한 것을 바탕으로 새로운 통찰을 도출하며, 그 통찰을 창의적으로 표현하는 능력은 여전히 인간의 몫이다. 따라서 AI 시대에 진정한 인재가 되려면 기본력을 더욱 강화해야 한다.

기본력이 강한 사람이 경험하는 AI 지식혁명

AI 시대에는 정보의 양이 기하급수적으로 증가하고 있으며, 이 정보를 얼마나 잘 활용하느냐가 중요한 경쟁력으로 작용한다. 기본력이 강한 사람은 이러한 정보의 홍수 속에서 본질적인 의미를 파악하고, 이를 기반으로 지식을 쌓아 나갈 수 있다. 예를 들어 읽기 능력이 뛰어난 사람은 AI가 제공하는 방대한 정보를 효과적으로 소화할 수 있으며, 쓰기 능력이 뛰어난 사람은 AI를 활용해 자신의 생각을 깊고 명확하게 표현할 수 있다. 또한 말하기 능력이 뛰어난 사람은 AI의 도움으로 타인과 더욱 효과적으로 소통하고 협력을 이끌어 낼 수 있다.

이처럼 기본력이 강한 사람은 AI가 제공하는 도구들을 활용해 자신의 역량을 극대화할 수 있다. AI가 분석한 데이터를 통해 더 깊이 있는 통찰을 얻고, 이를 바탕으로 혁신적인 아이디어를 도출하며, 이러한 아이디어를 타인과 공유하고 협력해 실현하는 과정에서 폭발적인 지식혁명을 경험할 수 있다. 결국 기본력이 탄탄한 사람은 AI 시대에 더욱 두드러진 성과를 이룰 수 있으며, 이로써 진정한 AI 인재로 성장할 수 있다.

따라서 어릴 적부터 섣불리 인공지능을 바로 접하게 하기보다는 어릴 때는 오히려 읽고 쓰고 말하는 능력에 집중해서 체계적인 교육을 받게 해야 한다. 그럴 때 나중에 AI를 활용하는 고급 인재로 거듭날 수 있을 것이다.

AI와 기본력의 상호 보완성

AI와 인간의 기본력은 상호 보완적인 관계에 있다. AI는 우리가 다루기 어려운 방대한 데이터를 처리하고 분석하는 데 탁월한 능력이 있으며, 이를 통해 인간의 인지적 부담을 덜어 준다.

그러나 AI의 분석 결과를 이해하고, 이를 바탕으로 실질적인 결정을 내리는 것은 여전히 인간의 역할이다. 기본력이 강한 사람은 AI가 제공하는 기술적 이점을 최대한 활용할 수 있으며, 이를 통해 자신의 역량을 더욱 강화할 수 있다.

예를 들어 기업 현장에서 AI는 이미 '성능 좋은 동료'처럼 우리 곁에 자리 잡고 있다. 그러나 아무리 뛰어난 기술이 있어도, 그 기술을 전략적으로 활용할 줄 아는 사람이 없다면 성과는 나오지 않는다. AI는 방대한 데이터를 분석하고 업무 속도를 높여 줄 수 있지만, 어떤 데이터를 선택할지, 분석 결과를 어떻게 해석하고 실행으로 연결할지는 여전히 인간의 기본 역량, 특히 읽고 쓰고 말하고 판단하는 능력에 달려 있다.

결론적으로 인간의 기본력, 특히 읽기, 쓰기, 말하기 능력은 새로운 아이디어를 창출하고, 기존의 틀을 벗어난 사고를 가능하게 하는 중요한 도구가 될 수 있다. AI와 인간의 기본력이 결합될 때, 우리는 더 높은 차원의 지식혁명을 비로소 경험할 수 있다.

AI 시대가 요구하는 인재는 단순히 기술적 능력을 가진 사람이 아니라 기본력을 바탕으로 AI 기술을 효과적으로 활용할 수 있는 사람이다. 읽고 쓰고 말하는 능력은 우리가 AI 시대에 필요한 새로운 지식을 습득하고, 이를 창의적으로 활용하며, 타인과 협력해 무언가를 실현하는 데 필수적이다. 기본력이 강한 사람은 AI가 가져오는 폭발적인 지식혁명을 경험할 수 있으며, 이로써 진정한 AI 인재로 성장할 수 있다. 결국 AI 시대의 진정한 경쟁력은 기본력에서 출발하며, 이를 통해 우리는 AI와 함께 더 나은 미래를 만들어 갈 수 있을 것이다.

전략 제안: 어떻게 기본력을 기를 수 있을까

AI 시대에 기본력은 오히려 그 어느 때보다 커질 것으로 예상된다. 기본력의 핵심인 읽기, 쓰기, 말하기 능력은 AI시대에 더욱 필수적으로 요구된다. 예를 들어 읽기 능력은 단순한 독서를 넘어 정보의 홍수 속에서 핵심을 빠르고 정확하게 파악하는 능력으로 진화할 것이다. 다음과 같이 AI 시대에 기본력을 기를 수 있는 구체적 전략들을 제안해 볼 수 있다.

독해력의 중요성: 정보의 바다에서 헤엄치기

AI 시대의 독해력은 단순히 책을 많이 읽는 것만을 의미하지 않는다. 정보의 홍수 속에서 중요한 정보를 빠르게 걸러 내고, 정확하게 이해하는 능력이 핵심이다. 예를 들어 한 명의 투자자가 매일 수많은 경제 뉴스를 읽으면서 주식 시장의 동향을 파악한다고 하자. 그는 단순히 제목만 보고 지나치는 것이 아니라 기사 전체를 읽고 그 안에서 시장의 숨겨진 신호나 패턴을 발견하는 능력을 갖추고 있어야 한다. 이는 AI가 수집한 데이터 속에서 중요한 트렌드를 뽑아내는 작업과 유사하다.

따라서 AI 시대에 AI가 제공하는 데이터를 인간이 해석할 때 독해력이 더욱 중요해지며, 이를 통해 사람은 단순히 정보를 소비하는 것이 아니라 상황을 분석하고 결정을 내리는 데 필요한 통찰력을 얻을 수 있다. 즉 독해력은 정보의 빠른 분석과 결정력으로 연결되는 중요한 능력이라는 점에서 주목받아야 한다.

쓰기 능력: AI와 협업하며 더 효과적인 커뮤니케이션 만들기

AI 시대에서의 쓰기 능력은 단순 문법과 표현을 넘어서는 명확하고 효과적인 커뮤니케이션 능력으로 봐야 한다. 예를 들어 AI와 협업하는 어느 콘텐츠 제작자가 있다고 하자. 이 사람은 AI가 제공하는 다양한 아이디어나 정보를 받아들이고, 그것을 독자가 쉽게 이해할 수 있도록 변환하는 능력에 주목해야 한다. 즉 AI 시대에는 AI가 제공하는 데이터를 바탕으로 창의적인 글을 쓰고, 그것을 사람들에게 명확하게 전달하는 능력이 중요한 능력으로 자리매김할 것이다.

매일 짧은 블로그 글이나 에세이를 작성해 보는 것이 매우 효과적인 전략이 될 수 있다. 또한 AI가 제공하는 정보를 자신의 말로 풀어내는 연습이 쓰기 능력을 기르는 데 매우 큰 도움이 될 것이다.

말하기 능력: AI를 넘어서서 사람들과 소통하는 힘

AI 시대에 말하기 능력은 연설이나 대화 차원을 넘어 AI와 사람들 간의 소통을 원활하게 하는 중요한 능력이다. 예를 들어 AI와 대화하는 시스템을 운영하는 사람이 있다고 하자. 이 사람은 AI와 소통할 때 발생할 수 있는 모호함이나 오류를 바로잡고, AI의 답변을 사람들이 쉽게 이해할 수 있도록 안내하는 역할을 할 수 있다.

또한 AI와의 대화에서 발생할 수 있는 감정적 요소나 뉘앙스를 파악하고 이를 적절히 사람에게 전달하는 능력도 중요하다. 예를 들어 어떤 사람은 AI가 감정을 읽고 반응하는 시스템에서 AI가 사람의 감정 상태를 이해하고 그에 맞는 응답을 할 수 있도록 도와주는 역할을 할 수 있다. 즉 AI와 사람 간의 효율적 소통을 위한 중재자 역할을 할 수 있다.

AI와의 상호작용을 통해 언어 연습을 해 보자. 예를 들어 AI와 대화하면서 자신만의 의견을 말할 수 있고, AI를 말하기 지도 코치로 인식해 말하기의 문제점과 개선점도 코칭받을 수도 있다. 이러한 방식을 통해 궁극적으로 말하기 능력을 기를 수 있다.

09
AI 시대, 미래 인재로 거듭나기

AI 시대, 도대체 어떻게 살아야 하는가? 기술은 끊임없이 변하고, 우리는 그 변화를 계속 따라잡아야만 하는가? 이제 교육은 단순한 '기술 습득'을 넘어 '배우는 법을 배우는 것'에 초점을 맞춰야 한다. 그럴 때 비로소 미래 사회에서 인간의 경쟁력이 진정으로 발휘될 것이다.

AI와 화장품?

AI 시대, 어떻게 살아야 하는가

현대 교육은 전례 없는 도전에 직면했다. 인류가 수천 년 동안 쌓아 온 지식의 세계와 방법이 붕괴하고 새로운 교육 방법을 요구하고 있기 때문이다. 아울러 교육이란 근본적으로 미래에 관한 것이기 때문이다. 오늘날 우리가 학생들에게 가르치는 것들은 10년 후, 20년 후에 중요하고 가치가 있을 것이어야 한다.

예를 들어 10년 · 20년 후를 내다보고 '이제 AI 시대니까 코딩을 해야 할 거야', '그러니까 아이들에게 코딩을 가르치자'라고 말할 수도 있다. 하지만 이것은 아주 위험한 발상이다. AI가 이미 스스로 코딩을 해내고 있기 때문이다. 20년 후에는 코딩 기술이 전혀 필요 없어지거나 아주 최소한으로만 필요하게 될 수도 있다.

다시 말해 좁은 범위의 기술에 초점을 맞추는 것은 아주 위험한 전략이다. 교육의 초점은 배우는 법을 배우는 것(learn how to learn), 즉 새로운 것을 어떻게 배우는지 그 방법을 배우고 변화하는 법을 배우는 데 맞춰져야 한다.

새로운 것을 배우는 방법을 배워라

미국 올린공과대학교는 매사추세츠주에 위치한 대학교

로, 원래는 '기술'을 중점적으로 가르쳤다. 그러나 기술이 앞으로도 끊임없이 변화할 것임을 간파하고 무언가 근본적이면서도 새로운 변화와 접근을 필요로 했다. 그러한 고심 끝에 올린공과대학교는 전통적인 공학교육의 틀을 깨고 '배우는 법을 배우는 것'을 교육의 핵심 가치로 삼고 새로운 혁신을 시도했다.

구체적으로 올린공과대학교는 소수의 학생들만 선발하고, 전통적인 강의식 수업을 과감하게 타파했다. 그 대신 문제 기반 학습(Project-Based Learning, PBL)과 협업 중심의 교육, 어떠한 새로운 기술이 출현해도 스스로 새롭게 배울 수 있는 자기 주도 학습 역량 강화를 중심에 둔 커리큘럼을 운영하고 있다.

이러한 올린공과대학교의 교육법이 주목받는 이유는 교육 목표가 명확하기 때문이다. 학생들에게 단지 기술을 '가르치는 것'이 아니라, 스스로 배우고 스스로 문제를 해결할 수 있는 능력, 즉 '배우는 법을 배우는 힘'을 기르게 하는 것이 올린공과대학교의 핵심 교육 목표다.

실제로 올린공과대학교 졸업생들은 새로운 기술 환경에서도 빠르게 적응하며, '어떤 상황에서도 배움을 이어가는 능력'으로 높은 평가를 받고 있다. 즉 미래 사회가 요구하는 진짜 역량은 단편적인 기술이 아니라 끊임없이 배우고, 유연하게 사고하며, 스스로를 성장시키는 힘이다. 이것이 바로 우리가 추구해야 할 새로운 교육의 방향이다.

AI 시대, 인간의 경쟁력은 어디에서 오는가

AI 시대 인간의 경쟁력은 어디에서 오는가? 먼저 AI와 차별되는 인간의 고유한 역량에 주목해야 한다. 예를 들어 AI는 '사실'을 말할 수는 있지만, 인간의 상처를 어루만질 수는 없다. 따라서 공감 능력은 매우 중요한 경쟁력의 원천이다.

AI는 데이터와 사실을 처리할 뿐, 상대방의 감정을 느끼거나 진심으로 위로하는 것은 불가능하다. 이는 단지 '정보'가 아니라 '감정'과 '관계'를 필요로 하는 상황에서 인간이 빛나는 이유다. 예컨대 의료 현장에서 환자의 불안과 두려움을 공감하며 위로하는 의사나, 고객의 마음을 헤아려 맞춤형 서비스를 제공하는 직원은 AI가 흉내 낼 수 없는 가치를 창출한다. 결국 AI 시대에 진정한 경쟁력은 '머리'가 아닌 '마음'에서 나오며, 공감 능력은 그 핵심 열쇠가 될 수 있다.

공감하는 마케터가 만든 전설적 광고로 나이키의 '당신의 위대함을 발견하라(Find Your Greatness)' 광고 캠페인이 있다. 올림픽 시즌, 전 세계 브랜드들이 올림픽 스타들을 앞세워 화려한 광고 경쟁을 벌일 때, 나이키는 전혀 다른 접근을 시도했다.

그들의 광고에는 어떠한 금메달리스트도 등장하지 않았다. 그 대신 카메라 앞에 등장한 인물은 과체중의 열두 살 소년 네이선(Nathan)이었다. 미국 오하이오주의 작은 시골 마을에서 숨을 헐떡이며, 땀을 뻘뻘 흘리며 조용한 새벽길을 달리고 있는 모습이 전부였다.

이 광고 캠페인에서 강조한 메시지는 다음과 같다. “결코 위대함은 특별한 몇몇에게만 주어지는 것이 아닙니다. 그것은 누구에게나, 어디에서나 존재합니다.” 이 광고는 전 세계 사람들의 마음을 울렸고, 특히 평범한 이들, 도전하고 있는 이들에게 깊은 위로와 자극이 되었다.

이 광고 캠페인은 전통적인 판매 전략과는 거리가 멀었다. 그러나 그 영향력은 놀라웠다. ① 나이키의 유튜브 채널 조회 수가 수천만을 돌파했고, ② 소비자 브랜드 호감도가 급상승했으며, ③ 실제 제품 구매율 증가로 이어졌다.

이로써 나이키는 “고객과 눈높이를 맞춘 최초의 글로벌 스포츠 브랜드”라는 평을 얻었다. 고객의 “감정”과 “삶의 맥락”을 진심으로 이해한 이 광고는 단순한 제품 판매를 넘어 공감이라는 감정적 연결 고리로 브랜드의 가치를 높인 사례다. 이러한 사례를 통해 AI 시대 인간의 경쟁력을 높일 새로운 돌파구를 모색해 볼 수 있다.

10
AI 시대, 인재로 성장하는 일곱 가지 질문

앞서 살펴본 AI 시대 인재의 일곱 가지 조건을 토대로 우리 자신이 어떤 능력을 갖추고 있는지 살펴보자.

종교와 AI?

질문력

당신은 질문할 수 있는가? 질문을 자주 하는 사람인가?

질문력이 중요한 이유는 질문이 생각의 시작이기 때문이다. 답보다 중요한 것은 무엇을 질문하는가다. 질문력을 기르기 위해 자신에게 던져야 할 질문으로는 다음과 같은 것들이 있다.

- 당신은 모르는 것이 있으면 질문하는 습관이 있는가?
- 당신은 문제의 본질을 파악하는 '좋은 질문'을 던질 수 있는가?
- 당신은 '진짜 궁금한 것'을 질문하고 있는가?

편집력

당신은 AI가 제공하는 정보를 바탕으로 효과적인 문서를 제시할 수 있는가?

편집력이 중요한 이유는 넘쳐 나는 정보 속에서 의미를 조직하는 능력이 점점 중요해지고 있기 때문이다. 편집력을 기르기 위해 자신에게 던져야 할 질문으로는 다음과 같은 것들이 있다.

- 당신은 AI가 제공하는 정보의 핵심을 빠르게 파악할 수 있는가?
- 당신은 정보의 흐름과 구조를 효과적으로 설계하고 전달할 수 있는가?
- 당신은 결과적으로 문서 편집 능력이 뛰어난가?
- 당신은 자신만의 콘텐츠 정리 시스템을 갖추고 있는가?

비판력

당신은 AI가 제공하는 정보를 무분별하게 수용하지는 않는가?

비판력이 중요한 이유는 현재 AI가 제공하는 정보 네 건 중 세 건은 틀린 정보를 제공하고 있기 때문이다('그럴듯함의 오류'). 비판력을 기르기 위해 자신에게 던져야 할 질문으로는 다음과 같은 것들이 있다.

- 당신은 AI가 제공하는 정보를 무분별하게 수용하지는 않는가?
- 당신은 AI가 제공하는 정보의 근원과 원천을 점검하는가?
- 당신은 정보를 객관적으로 바라보려고 노력하는가?

PD 능력

당신은 일을 시작하기 전, 결과물에 대한 아웃풋 이미지를 갖고 일하는가?

PD 능력이 중요한 이유는 다음과 같다. 이제 AI가 기본적인 정보를 무제한 제공할 수 있다. 단, 식재료가 아무리 좋아도 요리사가 요리를 잘해야 하는 것처럼 먼저 총체적인 결과물에 대한 분명한 이미지를 가지고 일을 시작해야 한다. PD 능력을 기르기 위해 자신에게 던져야 할 질문으로는 다음과 같은 것들이 있다.

- 당신은 일을 시작하기 전 결과물에 대한 아웃풋 이미지를 갖고 일하는가?
- 당신은 당신의 아이디어를 구체화해 기획안이나 실행 계획으로 실제로 옮길 수 있는가?
- 당신은 생각을 넘어서 실제로 기획하고, 조율하고, 완성한 경험이 있는가?

기술력

당신은 다양한 AI 기술들을 실무에 활용할 줄 아는가?

기술력이 중요한 이유는 AI 시대에 사실상 기술력이 핵심이기 때문이다. 기술력을 기르기 위해 자신에게 던져야 할 질문으로는 다음과 같은 것들이 있다.

- 당신은 새로운 도구나 기술을 두려워하지 않고 시도할 수 있는가?
- 당신은 챗GPT, 노션 AI(Notion AI), 미드저니 등의 AI 기술을 실무에 활용할 줄 아는가?
- 당신은 새로운 디지털 도구나 기술을 시도하고 빠르게 적응하는 편인가?

협업력

당신은 AI를 단순히 '도구'로 쓰고 있는가, '동료'로 활용하고 있는가?

협업력이 중요한 이유는 이제 AI와 사람을 정말 동료로 받아들이고 일을 해야 하는 시대이기 때문이다. 협업력을 기르기 위해 자신에게 던져야 할 질문으로는 다음과 같은 것들이 있다.

- 당신은 AI를 업무를 위한 파트너로 인식하고 있는가?

- 당신은 AI 툴을 협업 과정에 자연스럽게 통합해 활용하고 있는가?
- 당신은 팀원들과의 협업에서 소통과 역할 분담을 잘 수행하는 편인가?

기본력

당신은 읽고 쓰고 말하는 기본 능력이 강한 사람인가?

기본력이 중요한 이유는 다음과 같다. 정보혁명과 AI혁명의 본질적 차이는 인간의 역할이 정보의 '탐색자'에서 한 단계 더 높은 수준인 결정의 '검토자'로 근본적으로 바뀌었다는 데 있다. '검토자'의 핵심 역량이 바로 제대로 읽고 쓰고 말할 줄 아는 기본력이다. 기본력을 기르기 위해 자신에게 던져야 할 질문으로는 다음과 같은 것들이 있다.

- 당신은 평소에 독서하는 습관이 있는가?
- 당신은 읽고 쓰고 말하는 '기본기' 훈련을 하고 있는가?
- 당신은 자신의 생각을 명확하게 표현할 수 있는가?

박종필

미국 뉴욕대학교를 거쳐 연세대학교에서 정보시스템(IS) 전공으로 최종 박사 학위를 취득한 후, 연세대학교 경영연구소에서 연구원 및 전문연구원을 역임했으며, 현재는 경남대학교 디지털마케팅학과의 학과장 교수로 재직 중이다. 20대 시절부터 '삶의 즐거움을 가르치는 사람이 되자'는 분명한 삶의 모토를 가지고 레크리에이션 강사로도 활동한 재미있는 이력도 있다. 현재는 젊은 대학생들을 가르치는 일을 천직으로 여기며, 특히 미래 트렌드에 깊은 관심을 가지고 개인이 변화하는 시대에 어떻게 준비해야 하는지 지속적으로 연구하고 있다. 앞으로도 강의와 연구에 집중하며, 미래 트렌드와 관련한 책을 지속적으로 기획·출간할 예정이다. 한국경제신문 선정 이달의 우수 논문상과 경남대학교 교육혁신상(총장상)을 수상하기도 했다.

초청 강연 문의: 박종필 교수 연구실(feel-2@hanmail.net, 010-4463-7920)